Entresijo

Damaris Calderón
Entresijo

bokeh *

*Desde el cabo de Léucade: sacrificio, paisaje
y tábano insular* | Yoandy Cabrera 9

Galope y fuga (para no concluir) 19

EL REMOTO PAÍS IMPOSIBLE
La soñante 27
El país 29
En todo abismo 30
Fin de año / país 33
Trabajos / días / trabajos 34
Crack 35
Anna Ajmátova 36
Joseph Brodsky 37
El grito primordial 38
La anunciación 40
Los frutos que la demencia impulsa 44

El desierto familiar 46

Lengua natal 47

El biombo del infierno 48

Como si fuera el Escamandro. 50

Los árboles, la patria 52

Alguien pronuncia la palabra patria
y la palabra le queda grande. 53

El Pacífico inscribe su crueldad 54

Nada verdece sino el musgo. 55

Adelantando el paso (¿y si yo fuera Paul Celan?) 56

Mordaza 57

El poema. Su fosa común. 58

Nazca. 60

Vaciadero 61

No hay orilla posible 62

La extranjera 63

Las pulsaciones de la derrota 64

El grito primordial 66

Mi nombre en vano (para grabar en ninguna parte) . . . 67

EL ESPECTADOR SIN ESPECTÁCULO
El espectador sin espectáculo 71

De la dignidad de los oficios 73

PORQUE NOS PARECEMOS A LAS CALAVERAS DE GUADALUPE POSADA
Esquirlas 83

El tranvía llamado deseo 87

Porque nos parecemos a las calaveras
de Guadalupe Posada. 90

Fuego fatuo. 103

Domingo muerto. 106

Estaciones. 109

Hagoromo 112

Biografía 114

Exequias triunfales 115

Con garras, con uñas y con dientes 117

La piedra feliz. 118

Acto 119

Navidad 121

Fui 123

Pegado a la suela del zapato. 124

Anna Ajmátova 126

Patria 127

Ibeyis 128

Metamorfosis 129

Así 130

La Isoletta 132

Frío (La extranjera) 134

(Temperamento) 135

Nieve sucia 136

(Vaciadero) 138

La Extranjera 139

PROMETEO ENCADENADO 141

En la tierra del entre, golpeada por las aguas 155

Desde el cabo de Léucade: sacrificio, paisaje y tábano insular

Es difícil ampliar temas, ideas, opiniones, estilo sin terminar siendo tautológico o redundante; a ese ejercicio bioescritural acudimos al leer *Porque nos parecemos a las calaveras de Guadalupe Posada*. La obra poética de Damaris Calderón se ha caracterizado hasta hoy por una capacidad de resumen y concisión comparables al filo de un pedazo de botella rota o de un latón. En el poemario *Duro de roer* la autora comenzaba describiendo la imposibilidad de textuar sin que se partiese el hilo, quería explicarse, ser explícita, pero el hilo se partía constantemente.

Su verso, su vida parecían un reflejo de una segmentación obligada, perenne, dolorosa, casi sangrante al final de algunas sílabas. Sin embargo, para sorpresa de sus lectores, al mismo tiempo, Damaris fue coleccionando fragmentos en prosa que son ampliación, continuidad y aclaración de muchos de sus temas poéticos y existenciales, escritos entre 1997 y 2013 y paralelos, por tanto, a todo lo que ha publicado hasta hoy.

La plenitud escritural, lírica, literaria y de expresión que ha perseguido durante toda su actividad creativa continúa dando frutos compactos. Damaris ha recorrido el proceso inverso al de muchos jóvenes escritores: ha ido del silencio, dosificando en la búsqueda las palabras hasta sentirse lista para expresar a renglón lleno sus inquietudes y sus vivencias. Al contrario, el curso común suele ir de la incontinencia e imprecisión verbal juvenil hacia la parquedad de la experiencia. Por ello me parece tan singular el proceso de madurez de la autora.

Ya había dado a conocer en Ediciones Aldabón (Matanzas, Cuba, 2007) sus prosas de viaje *El arte de aprender a despedirse*. Pero con *Porque nos parecemos a las calaveras de Guadalupe Posada* Calderón da un giro sustancial en su proceso creativo. El salto del verso a la prosa no es para nada gratuito o azaroso. Es reflejo de una necesidad de expresión que encuentra esta vez en la línea llena el medio idóneo para retomar y plantear situaciones, ideas, procesos, nudos narrativos o para presentar otros nuevos. Al mismo tiempo, como se puede comprobar de un poemario a otro de la autora, en este libro también hay textos que aparecen publicados en cuadernos anteriores, como es el caso de «Nieve sucia», y la retroalimentación continua también es perceptible en que el verso no está ausente de este volumen que está conformado en su mayoría por pequeñas prosas.

Hasta el momento, Damaris nos había mostrado la caída, el descenso de la piedra desde el puente, el golpe brusco contra el agua o su reflejo. Pero en la fragmentación hay también expansiones, ondas horizontales que van repitiendo en medio de un paisaje distinto, con un movimiento mucho más reposado que el gravitatorio. En la primera parte de esta nueva entrega las ideas de enclaustramiento, grisura, *katábasis*, fragmentación, hundimiento, verticalidad se mantienen en diálogo cercano a los poemas que leemos en *Duras aguas del trópico, Duro de roer, Sílabas, ecce homo* o en su antología personal *El infierno otra vez*. Sin embargo, precisamente a partir de la nieve, un elemento tan importante en el giro estilístico, temático y conceptual dentro de su obra, desde el texto «Estaciones» este nuevo libro se abre a la naturaleza, al entorno, se sale del autobús, del quirófano, de la tumba y del apagón para asomarse a la luz, a la policromía, a la conjunción natural, dionisíaca de la locura, el árbol, la muerte y el agua.

El eje creativo de la autora ha cambiado de vertical a horizontal en muchos de estos textos; en algunos de los más logrados y redondos transita de la segmentación a una mirada más panorámica y amplia del entorno, de la naturaleza, del paisaje. Sin renunciar al fragmento (que es casi un credo, una actitud poética en ella), sin dejar de estar este libro también hecho de pedazos, de apuntes rescatados, de pérdidas y hallazgos en agendas y archivos digitales, *Porque nos parecemos...* alcanza, sin embargo, un sosiego, permite una pausa para la contemplación y la reflexión que en la mayoría de sus poemas anteriores y en los textos de la primera sección está lograda a golpes, a saetazos, a mordiscos, en medio del más genuino dolor y teniendo la herida recién abierta.

Uno de los milagros más evidentes en este nuevo libro de Damaris es cómo la recontextualización de algunos de sus temas más entrañables los espejea y enriquece en un entorno que los dulcifica y los renueva, sin que falte ese nudo tenso y propio de su escritura. Pareciese como si el cambio de paisaje, de país, como si el éxodo, el desarraigo, el tránsito de la «palma sola» de Guillén a la «palma negra» de Piñera y luego hacia la Isla Negra de Chile encarnasen en ella una evolución escritural que se ha visto tamizada por el cambio de naturaleza.

Las ideas de Casal, Varona y Vitier sobre la necesidad de asomarse a nuevas y distintas literaturas, tierras y climas para alcanzar una variedad estilística y una policromía difícilmente perceptible en la monotonía del paisaje cubano es, entonces, una realidad tangible en esta autora, no sólo en *Porque nos parecemos...* sino también al hacer un recorrido a través de ciertos motivos como la nieve, el suicidio, el agua, el tren que cambian y evolucionan a partir de los viajes y las vivencias de Calderón. Con estas prosas que hoy presento, la escritora retoma el colorido de su primer poemario (*Se adivina un país*), pero no desde la inocencia primera, sino desde la experimentación amarga del que viene de lo más hondo, de la casa misma de Hefesto, sin olvidar que se debe al abismo, al desarraigo, a la sombra.

Semejante a textos de gran calidad como «El asesino» publicado en *Duro de roer*, la autora continúa interesada en la relación hombre-animal, en la animalización del hombre, en el carácter bestial, instintivo, cruel del ser humano, de ahí que conjugue nuestros deseos e impulsos la encarnación de toda nuestra violencia y nuestro erotismo.

En «Pegado a la suela del zapato» la vida humana se iguala al destino de los animales, se establecen semejanzas entre las víctimas que la mujer alimenta y ella misma, porque al final no somos muy distintos, ella, como las gallinas, «tenía las pezuñas sucias y nunca pudo saltar la empalizada».

La relación entre madre, costura y poiesis sigue siendo otro elemento temático medular, así como las asociaciones etimológicas. La voz enunciativa mantiene una constante oscilación genérica. En el amplio y agónico texto homónimo al título del cuaderno la autora relaciona los referentes de la cultura grecolatina con la vida cotidiana en la isla de Cuba, con los contratiempos diarios, con la escasez insular, la miseria patria. Edipo, «daimon» y Acteón aparecen conjugados con fraseologismos locales, con palabras de la norma cubana, con el apagón de turno, de modo que la continua falta de fluido eléctrico (apagón) sea el equivalente a la ceguera edípica: «a lo mejor el oráculo de Delfos era una boca de lobo: "Conócete a ti mismo"».

El ambiente mortuorio, la figura del carnicero, el cementerio, la carne y su putrefacción son otros de los núcleos y motivos que se mantienen en este libro, se relacionan también con los ritos sacrificiales de la América prehispánica, algo que ya se dejaba ver en el poemario *Parloteo de sombra*.

En la primera parte la insularidad como encierro, tiniebla, «cárcel de aire» se vuelve eje temático: la noche cerrada, el quirófano, el autobús (como antes el tren) limitan aún el paisaje, aunque desde la ventana la escritura se abre a otro espacio, hacia «la cordura del césped», el Helesponto, un río, un hombre-calavera a caballo, semejante a algunas imágenes del ilustrador y caricaturista mexicano José Guadalupe Posada (1852-1913).

Por otra parte, en general, el libro se caracteriza por la variedad polícroma, cronotópica, estilística, temática y genérica. Dialoga y reescribe tanto Hamlet, el Apocalipsis, la tradición filosófica budista, el mito de Prometeo, y la intertextualidad es savia natural en estas prosas: Lorca, Dulce María, Mistral, Virgilio Piñera, Heredia, Esquilo, Safo, Virginia Woolf, Lezama se asoman entre líneas con una naturalidad que los ensarta y ubica en la cotidianidad más inmediata.

A partir de «Estaciones», el espacio se abre desde la nieve misma, polisema calderoniano por excelencia. El ciclo de la crueldad humana coincide entonces con el curso de las estaciones y de la vida misma, con el rito dionisíaco, «el miserable destino circular». La naturaleza se conjuga con la ciudad, el entorno y la muerte, como si el espacio estuviese vivo y exigiera un sacrificio («La piedra feliz»). En ese mismo texto, la famosa piedra de Léucade es también la piedra sacrificial mesoamericana; el factor común para ello es la entrega de una víctima: ya sea Safo, Anacreonte, o un hermoso joven indígena.

En esta segunda parte, la isla perdida, la otra, la abandonada, la caribeña es recuerdo, aparece muchas veces por asociaciones, por referencias. Junto al suicidio, la muerte, la carne y la naturaleza, la insularidad es factor determinante en todo el volumen. En la primera sección, la isla está en la escasez, en el encierro, el apagón, la pobreza, en la fraseología cubana («argot cubensis»), el autoritarismo del padre, las palmas, las yucas que sangran y gritan, la reescritura del Apocalipsis, la biajaca que es logos insular, ángulo del surgimiento de mogotes, piedras, boniatos y danzas.

Dentro de las reescrituras a las que nos convoca Calderón, entre las ampliaciones que lleva a cabo en este cuaderno, hay una que alcanza gran valor por varias razones. Casi al final del poemario aparece una versión teatral de Prometeo encadenado. En mi estudio anterior sobre la obra de Damaris (prólogo a su volumen *El infierno otra vez*) hablé de imposibilidad del teatro en aquellas escenas del absurdo que cerraban *Duro de roer*; aquí la puesta se hace viable y oportuna, la escena cobra consistencia, visibilidad y posibilidad real de representación.

Por otra parte, ya la poeta había tratado anteriormente el personaje de Prometeo dentro de su poesía: el titán es en sus versos anteriores reflejo del absurdo circundante, figura mítica que se tiende sin que lo obliguen visiblemente, sin que lo aten y deja que poco a poco el ave le coma el hígado. Pero esta vez Damaris nos entrega una alegoría de la tiranía insular, que si bien está referida por medio de un mito griego, las escenas alternas de los sepultureros no dejan duda alguna de que el texto se refiere a Cuba, pues lo dicen explícitamente con referencias claras tanto de lugares (como Camagüey) y también del habla (como la frase «dar pie con bola»).

Entre los personajes, los cambios más importantes en la versión de Damaris son que, a diferencia de Esquilo, el coro lo conforma el mar y no las Oceánidas; además del Poder y la Fuerza aparece la Furia y los sepultureros con sus escenas discordantes crean el contraste entre el tono trágico y sus comentarios pedestres, irónicos, prácticos, de un puro y duro cubaneo.

El tema insular y la impronta de Virgilio Piñera (uno de los poetas más importantes dentro de la cosmovisión y las lecturas de Damaris) son evidentes en esta versión del mito del fuego. La isla, en las escenas más solemnes y más apegadas al referente esquileo, aparece a través de intertextualidades («palma sola», «negrísima», «plátano sonante», «noche insular») y de las referencias directas («Una isla como un águila abatida devorándose a sí misma las entrañas»); en los diálogos de los sepultureros el lenguaje desenfadado, coloquial, así como las referencias más claras no dejan duda de que la pieza es una alegoría a la situación político-social de Cuba. Sin retórica ni velos míticos los sepultureros ubican la acción en la isla del Caribe.

Prometeo es fantasma, isla él mismo, fiera y víctima a la vez, dicotomía esta muy común en algunos textos de Calderón. La autora, a su vez, da más protagonismo a Hefestos, aquí con algunos de los parlamentos más importantes, que en la obra de Esquilo corresponden al propio titán. El silencio de este Prometeo es otro personaje, es una presencia más fuerte que él, un grueso mutismo que se devora y se vacía a sí mismo. Mutismo insular.

Ya en el texto titulado «Navidad» aparecía un antecedente del personaje de Ío: «entonces apareció ella, cantando o mugiendo. Con el pellejo lleno de mataduras como una ternera azotada por tábanos». Ío encarna al emigrante, cuyo movimiento perpetuo es aguijón, castigo, destino injusto, impuesto por un orden tiránico. Heracles, el ciudadano, el igual, es obligado, como en Esquilo, a atar a Prometeo, y como en el texto griego siente conmiseración por el dios, pues en el castigo de este descubre el reflejo de su propio destino, de sus manos.

Con esta pieza lírico-dramática de gran plasticidad escénica, Damaris se une a los propósitos de autores coloniales como Silvestre de Balboa, Zequeira, Heredia, Plácido que conjugan naturaleza insular con mundo grecolatino y que toman a Grecia como referente para debatir y analizar la realidad cubana. Pero, como Piñera en *Electra Garrigó*, mezcla estilos, une la parodia al tono solemne, alterna tragicidad y criollismo. Calderón logra con textos como éste encarnar la vida del éxodo y la diáspora a la altura de obras ya paradigmáticas como *Hemos llegado a Ilión* de Magali Alabau.

En las prosas finales del libro se impone un sosiego que se refleja en una naturaleza cándida y diáfana, algo nada usual en la obra de Damaris. Esa otra isla en que vive más al sur le ha regalado, de algún modo, la inversión no sólo de las estaciones sino también del paisaje; ha transitado de las «duras aguas del trópico» a las «pequeñas flores blancas de la pradera». La tendencia a la descripción naturalista le ha permitido tardar, suavizar, hacer más llevadero el golpe de la soledad, el encuentro bestial consigo misma, aflojar el nudo afilado de la existencia. Damaris delira, pierde el surco, el hilo, el bustrofedón, escribe como si nos sentáramos íntimamente con ella en su casa de madera, en la otra isla, isla negra (cuyo adjetivo recuerda a la palma piñeriana de la otra isla) y compartiésemos la fragilidad de las palabras y de la vida misma.

Una soledad abismal, un terror de encontrarse consigo misma se sostiene como amenaza en estos textos, una isla que es dos mujeres que son una. Paisaje, casa, libro, sol, unos perros mansos: enorme metáfora , bosque que demora el golpe, el choque con su rostro dividido, atrasando y disimulando el terror del equilibrista, la verticalidad que la zahiere y la define. Distintas formas de enfrentar y sobrellevar el tábano insular. Aquí una isla es el espejo inverso de la otra.

Con este libro Damaris confirma ser la voz más sólida y crecida de su generación, la más consecuente, la más leíble y atendible, la más atractiva. Mientras el éxodo ha desdibujado, hecho desaparecer a algunas de las figuras más prometedoras de sus contemporáneos cubanos, Calderón ha sabido adaptar su color, su palabra, su espíritu al nuevo entorno, y en ese lugar que a la vez le es extraño y entrañable, logra la consistencia discursiva que ha perseguido desde *Se adivina un país*.

El reto está, precisamente, en adivinar: introducir la mano en la sombra o en la luz y dejar sobre el papel los huesos conjugados de la aurora y la noche con el filo óseo de nuestros dedos. Hay que aprovechar que somos calaveras y que nuestras extremidades son como vivas dagas múltiples. Es nuestro deber, como Ío, huir a dónde el viento nos lleve y al mismo tiempo horadar el tábano insular que nos aguijonea y nos define.

Yoandy Cabrera

Galope y fuga (para no concluir)

Estas son mis cebras. Hechas, como yo, de retazos y fragmentos sobrevivientes. No existiendo sobrenaturaleza ya, ni naturaleza, sino páramo, estas son mis bestias mitológicas, textuales, carnales, que cruzan de un libro a otro, de un país a otro, de una ausencia a otra.

Estas son mis cebras: criaturas indómitas y cruce peatonal en una calle sin salida. En una isla que desemboca en una cordillera, que desemboca en otra isla, que desemboca en la mujer, en el animal que soy.

Cuidado. No tocar.

El remoto país imposible

A mi madre, raíz y fronda.
A mi padre, tierra de la tierra.

Hoy estoy vencido, como si supiera la verdad.
Hoy estoy lúcido, como si estuviese a punto de
morir
y no tuviera más hermandad con las cosas
que una despedida.

Alvaro de Campos

Tu dolor por aquí no lo abandones.
Llévalo con cuidado maternal
donde haya vida, ensueño; a la lejanía y a la altura;
condúcelo después – y plántalo allí–
al remoto país del que nunca se habla.
En sus ojos recoge y entierra su voz.
Y si no lo soportan sus ojos y se cierran,
cierra también tus ojos y muere junto a él.

Kostis Palamás

La soñante

Larva hombre mujer
barrida por el viento sur
va la muerte portando su fanal.
En los patios con olor a lejía

hunde su cetro
cierra los ojos
sueña un capullo
para sí.

El cuerpo
una mortaja
crisálida
de bien morir.

Quien trafica con vísceras:
el cuerpo no obedece
se desvanece
y se convierte
en sombra.

No el aullido
la sutileza
de la sombra.

La soñante:
sin otra tierra que el país de los párpados.

Henchida por el sueño
rompe la red de sus propias visiones.

Las venas descarnadas
el árbol, que se te parece
y la caída de las hojas
la conversación silenciosa
la claridad de morir.
Venga la noche.
Venga la madre y lance su carnada
al remoto país imposible.

El país

Cuando volé
me dije:
«Me voy de acá
de este lugar.
Soy mejor que todos ellos.
Soy libre».
            Como las palomas
comiendo migajas
basura
cualquier cosa.
            Sola.
Una bolsa plástica
desinflada.
            Un hilo
de los genitales a las agujas
(la muerte o la madre
tejiendo tejiendo
nudos nudillos—
un sol redondo).
Sobre la mesa,
            restos:
                  Soy
mejor.

«Borís, se murió Rilke.
No existe más
ese lugar».
            Tsviétaieva.

En todo abismo

En una franja
que se llama Crimea
en el suelo de Cuba
se alza la Ceiba.
Pasa la Virgen:
cortados de raíz,
los troncos caen.
Y cae una nieve roja
traducida
(nieve de tierra colorada)
golpeándome los ojos,
Narciso seco.
«Me importa Ruanda.
No Hazlitt ni Burke:
Ruanda:
ochocientas mil personas asesinadas
en seis semanas
en un país
más pequeño que una uña».
                                    (Sontag)

Y Gulag
El horror
Si hubieran fotos
precisas
objetivas
manadas de hombres

cavando fosas
cociendo cadáveres
en letrinas.
Máximo Gorki
mirando abedules
haciéndose el desentendido.
Si hubieran fotos
–digo–
objetivas
precisas
del archipiélago
la isla
el horror
¿podríamos llevarnos
(sostener)
La mano en la mandíbula
La cuchara en la boca?

Los cuerpos vienen
a morir en la orilla.
Los pescadores
los evangelistas
echan sus redes.

Y estábamos ahí, inclinados
–desastre y pérdida–
leyendo en las guásimas
«Canto al lugar»,
de Lorine Niedeker.
Algas peces batracios
tumbados

respirando como en tierra firme
sin saber que el lugar era el lugar.

Y el lugar era de agua.

Fin de año / país

Había que romperle el espinazo al puerco
con púas que florecieran
pero no florecían.
Había que romperle el espinazo
al héroe   al recluta
al cristo militar
aguardando el Rostro redentor.
Teníamos que arar con estos bueyes.
(No había bueyes).
Tuvimos que inventar el Principio.
Reventarle las costillas a la patria
hundirla
como las lavanderas en el río
limpiando las costras.
El esqueleto   el espinazo
(reventárselo)
esperando una primera floración.

Decir:
Este es el sitio eriazo.
Untar la tierra de grasa con devoción.
Doblarle las patas al puerco.
Prender una vela otra vez.

Trabajos / días / trabajos

Yo no tengo
ni tierra ni heredad
no tengo
tierra donde caerme muerta.

Puedo decir
(escribir)
como si fuera cierto
el despojo.

Yo no tengo
tierra en los dientes
tierra en las pezuñas

una heredad
(robada)
la cicatriz del surco
yo no tengo
la hoja de hierba que cantó Walt Whitman
hojas en espiral
cayendo.

Sobrevivir.
Vivir.
Tubérculos.
Roble infecundo.
Cuerpo de labranza.

Crack

El transiberiano atravesaba la Isla:
Jaguey Grande, La Habana, el Extremo Oriente,
Crimea, la aldea de Sebastopol.
Un tren de palo llegaba a la Siberia, Alamar,
las estaciones crudas del trópico.
Pasaba un tren aunque no quede nadie
para contarlo.
Arrancaron los raíles
las pisadas   la hierba.
Escrito desde 1913, en el transiberiano,
en 1980,
no lo sabíamos.
Todavía no comenzaba la guerra la dispersión.
Creíamos
que íbamos a alguna parte.
      Pasaba
          un
               tren.
Algo traqueteaba en la noche.
         (Tren
            Tren
        Tren
          Tren).
Colgábamos de los postes eléctricos
demasiado verdes para la muerte.

Anna Ajmátova

«la sal de la tierra».

La mujer de Lot fue tentada:

«Mira la casa de tu infancia
los estrechos lugares donde fuiste
las manos de tus padres
la ciudad
antes que se extinga».

Dando tumbos, pasan los justos.
Acobardados, pasan.
            ¿Quién es justo, Señor? ¿Quién es justo?

La mujer de Lot
puede avanzar
pero se detiene:
La mirada la fija a la tierra
la fija al cielo
la hinca en la madera.
Se hace una columna
una estatua
una brasa
se hace humo.
Asciende.
Desciende.
Elige
todas las formas de permanecer.

Joseph Brodsky

La uniformidad
de los rostros
(disciplinamiento)
el enjambre de abejas
el destello de pánico
(la organización social).

El cuerpo vale menos
que una manzana
podrida
a medio morder
después de pisotear
el cuello de un ganso.

Todos los que estamos aquí
mataríamos.
Todos los que estamos aquí
codiciamos una nuca ajena.

Escribo en círculos
(aunque se borrarán)
palabras duras.
Y el agua
se disuelve en el agua.
             Menos que uno.

El grito primordial

Dachau Baviera
conversación renana
cercenadas
lenguas mudas
cenizas yiddish
crematorios
experimentos terminales
(médicos).
La ampolleta del sol
          de la llaga
la cámara de descompresión
          la cámara de gas.
Estadísticas:
156 franceses
109 checoslovacos
63 neerlandeses
46 belgas
25 italianos
16 luxemburgueses
447 alemanes
griegos
musulmanes
polacos.
La perfección del
número.
La crueldad del
número.

La expresión matemática
musical
del horror
el hueso en la carne.

Los pájaros le comen el color al cielo.

El buitre planea
sobre la presa
muerta
como un avión
supersónico.
Desgarra la piel
busca el músculo
limpia las vísceras
no hay crueldad
ni resentimiento
sólo ley
natural.
Así
entreabro los ojos.

La anunciación

La vi en la máquina de coser
en la cara deforme de las vecinas.
La trajo el vendedor de pan de periódicos.
La vi jugando béisbol
(en pelotas).
Me acorraló.
Me abrió en dos el pecho.
Me raspó con espátula.
Después ya no vi más.

La tuberculosis tiene cara beata.
Y las beatas
de niñas muertas.

Es ese alcohol de alucinación amarilla
del mediodía en los campos pobres de Cuba.

(Mantener las rodillas fuertes
para interminables vagabundeos.
Conseguir el color hueso de mis huesos).

Un lobo hambriento y solitario.

Un lobo hambriento y solitario
pinta
en la alucinación amarilla
del mediodía de los campos de Cuba

(donde todo desaparece)
su propia sombra.

Mi propia sombra tiene piernas largas
salta el corral
se emborracha
se extiende como una sábana
donde recojo la luz.

Miren el blanco rasguñado.
El trapo nacional.
El sudario.

Mírenla bien.
Una mortaja no es otra
cosa que un trapo
con pretensiones

solemnes.
Sólo he pintado mortajas.
El blanco rasguñado.
El trapo nacional.
El sudario.

—No hay amor, soplaron las cañasbravas, vacías,
como los cuerpos huecos de las palmas.
La madre se hizo un terrón en la mano
 y la mano, un puñado de hormigas.
(Las cañasbravas diciéndonos lo mismo,
cortándonos las piernas): —No hay amor.
Los peces muertos y los caracoles

hablando el oscuro dialecto.
Los plátanos tumbados en tierra, por la tormenta,
guardan en secreto
la poca luz.
La madre tropieza y levanta los troncos,
pone a secar (extiende) la sábana blanca,
el sudario, la poca luz.

¿Pero qué esconde
el bodegón sin frutas
la alucinación amarilla
el mediodía pobre en los campos de Arles
 de Cuba?
¿Un esputo?
¿Una oreja tuberculosa?
¿Dos peces muertos o dos peces vivos
moviendo las branquias
haciendo lo suyo
por respirar?

Sáquense los ojos.
Vengan a ver.

Y entonces vi lo que no habría querido
pero una no elige.
Los cuerpo rojos
los cuerpos azules los cuerpos larvas
los cuerpos–no cuerpos
la procesión
el dueño de los caballitos
el residuo

el desecho
el Cristo saliendo de Juanelo
en la luz negrísima
del trópico.

Los frutos que la demencia impulsa

Los comimos al alba
de noche los comimos
en los amaneceres
interminables
en los mediodías
de los pobres campos de Cuba
cinco generaciones
de hambre
        hija de
        nieta de
        madre
        de
la ausencia del fogón
ojos vacíos que nunca fueron perlas
la ropa sucia puesta a secar y el muñón
y el monzón
el huracán
la tierra removida:
—¿en qué lengua hablábamos cuando hablábamos?—
El viento vino devastó y se fue.

Una vuelta en redondo
y caer
como la palma fulminada.

Los cuerpos se ponen a secar
los brazos se clavan en cruz
la cruz se convierte en hoz
ciega
siega.
La crucifixión amarilla
en el mediodía del sol de la tarde
en los amaneceres de Cuba.
El sembrador
el recolector de semillas
el segador
el verdugo de turno.
La cruz la hoz
hogaza de pan
mendrugo.
Ahí los hombres
los campos de cultivo
las extensiones infinitas
de los brazos y las paralelas.
Todo en un mismo haz apretado.
Los cuerpos se secan
los brazos vuelan y se clavan.
La hoz siega
ciega
en el mediodía del sol de la tarde
los pobres campos de Cuba.
La crucifixión amarilla.

El desierto familiar

La familiaridad del desierto
el vacío va instalando sus formas
el deseo desaparece/ avanzan las dunas:
        padre muerto, enamorada muerta, amor muerto,
cruz metálica sol milenario recién nacido
que se comen el viento y la arena.
La invención del tiempo, la invención
del reloj de arena la invención del cronómetro el auricular
el diccionario el silabario el relicario la mano.
Una civilización, un país: un puñado de escombros.
Humus, árbol, cenizas, hojas, ojos, manos, panes,
peces, la boca, el alimento de la boca, granos,
pájaros, intestinos, semillas, hojas, humus, detritus,
pies, pisadas, letras, fórmulas, canciones,
descubrimientos científicos: un puñado de escombros.
El dialecto del desierto, la conversación
imposible: el hambre del hombre, el hambre del
desierto, dos molares incisivos enfrentados,
caravanas interminables, señales desesperadas,
ilegibles. Una mandíbula de caballo: la carroña
profética entre el roquerío.
La falange del desierto, la legión de soldados de
arena diluyéndose en la arena, la canción dentada,
monótona, sin fin, donde no existe nada, salvo el
desierto, que avanza, cuando el deseo retrocede.

Lengua natal

La tierra abreva palabras: liquen, musgo, anís,
salamandra, cundeamor,
henequén, rompezaraguey
palabras-bulbos raíces.
El colibrí trae otra vez el fuego
el relámpago rojo sanguinolento tropical
el aguacero va arriando las sombras las nubes negras
la neblina la lepra disipa las formas
        devora las caras
los bueyes trazan la costra la dura pezuña la escritura
        los surcos cuneiformes.
El romerillo habla en humildad
        de yerba agreste a yerba agreste
con Emily Dickinson.

El biombo del infierno

El pellejo del sol
teas   carbones   carboncillo
manchas / trazado a manchas
rayados
holografías
una balsa sobre cuatro toneles
de ron
náufragos , puntuales, que siempre regresan, sirenas
a medio camino, hombres
batracios atravesados por anzuelos
arpones.
Cuerpos proyectados en la sábana blanca sucia
del mediodía de la tarde de las mañanas
de los amaneceres interminables
en los pobres campos de Cuba.
El huracán.
No Dánae ni el Nilo entretejido
por corpulentos animales de nieve.
El huracán.
El diente'eperro
El diente'eperro
mordiendo las costas los tobillos
la ponzoñosa vegetación tropical.

Hinchadas de opio
de un pueblo que se deshace dejando sus testimonios
moradas como cardenales

como hematomas
las lustrales aguas.

El sueño chino de un pintor opiómano
traza en una caligrafía vacilante la piel difunta
las figuras infernales.

Como si fuera el Escamandro

Como si fuera el Escamandro
salido de madre
o la madre
salida de una ensoñación
vaciados los ojos por lo real
el Mayarí
las aguas
partiendo la isla
el pan duro
una y otra vez.
Si viéramos
si el ojo todavía fuera
si pudiéramos ver
alguna luz
si las palabras no estuvieran también húmedas
hinchadas
una bandera puesta a secar
una bandera que no se seca
una bandera que envuelve a un hombre
(lo desampara)
en la crecida del río
¿Un estremecimiento?
Un pedazo de carne viva manifiesta su vida ante todo por
el estremecimiento; una pata de rana bajo una corriente
eléctrica se estremece; el aspecto próximo o el contacto de una
cosa horrible o aterrorizadora hace estremecer cualquier masa
de carne, de nervios y de músculos.

Vieron entrar al gran Príamo. Se detuvo,
apretó las rodillas de Aquiles, besó sus manos,
terribles, matadoras de hombres,
que le habían asesinado tantos hijos.
Pinar del Río, Gibara,
Viñales
casas color terracota
desaparecidas en el humo de un habano
en la corteza quebrada, mitad pústula
mitad piña laqueda por la frente.
Las vacas descuartizadas
pasan
para qué manos
de un nonato Chagall.
Pasan las palmas degolladas
la familia los campesinos famélicos felices.
La cresta roja del gallo va tiñendo la isla
de un rojo sepulcral.
Jatibonico, Chaparra,
se van perdiendo los nombres
las imágenes corroídas por la sal.
El miedo iguala
el estremecimiento de una pata de rana
al de un hombre
bajo una corriente eléctrica.

Los árboles, la patria

Entrever el país nonato
soñarlo con los ojos de Adán y una mudez
que obliga a llamar ácana
jobo, jiquí, madera
de los mayores y menores.
Cuando falta el terrón
que llevarse a la boca: ceiba,
guásima, tomillo, palma real.
Crisol y bosta en el humus.
(Darle un sayo de palabras a la pobreza).

Pero los árboles preparan el paisaje.
Los árboles preparan la independencia.
La corteza guarda la raíz, la vena madre.
El gallo de los sacrificios anuncia despavorido
al escualo surgiendo de las aguas.

—Y los huesitos de tus hijos
se disputaron los cangrejos—

Pueda yo nombrar otra vez mi huerto
y alguno reconozca la antigua cicatriz.
Cobijarme bajo la sombra de la palabra jagüey.

Alguien pronuncia la palabra patria
y la palabra le queda grande

Como un poncho extraviado
de los cuchilleros del sur
como el abrigo tejido por la madre
deshilachado en la llovizna.
Inscripciones   bordados
geoglifos raspados en la carne
pieles curtidas en la sal sin memoria.
—¿Adentrarse? ¿pertenecer?—
                Abrirse paso a manotazos machetazos.
Los pájaros caen fulminados
en el rumor del monte.
La llanura disléxica pronuncia todo aquello
que no hicimos y pudimos y debimos y quisimos hacer.

(Imposible remontarse con la palabra pájaro).

Teja el marabú su corona de espinas.

En la noche bajo a los muelles
y me desprendo de todo lo que echa raíz.

El Pacífico inscribe su crueldad

Caleta de Quintay, Valparaíso.
¿Qué puede darme el mar   la soledad
esta piltrafa de huesos de espuma?

Nada verdece sino el musgo

Sino la enredadera frondosa de horror.
El magma, sedimentándose hondo en la sangre,
abre boquetes, bocanadas.
Vienen a veces las palabras, dibujos de los niños,
que encaden a alguna fe. Letras contra la
precariedad, interminables sirenas en las noches.
Había la mujer que en el invierno se calentaba con cartas.
Quemaba todas esas palabras (madre, padre, país)
que la pudieran retener.
Ni un crujido de pobreza, de vanidad.
Se separaba al fin de la corteza terrestre.

Adelantando el paso (¿y si yo fuera Paul Celan?)

Y un soldado me sustrajera
la madre
las sílabas
las hebras de sol
y me pusiera
a bailar
a cavar
el poema
(su fosa común)
de un disparo
en la nuca
a una imposible
sulamita?

Mordaza

La camisa de fuerza del lenguaje
(mordaza)
La mordaza del lenguaje
(camisa de fuerza)
La fuerza del lenguaje
Barrotes
Lenguaje
Barrotes
Camisa
Mordaza de fuerza.

Decir y no decir el corazón del poema.

El poema. Su fosa común

El poema
      El noema
el mapoe
el epomae
el balbu
      ceante
centellante
ante dicho
ante escrito
      Rito
triza
      Dura
cercen
      Ado

sosten
      Ido
entre
dientes
¡Arrrrr!

Las palabras cruzaron el desfiladero.

Las entrañas de un novillo descompuesto
la maceración de la entrañas
la podredumbre de un novillo descompuesto la
putrefacción de un novillo

descompuesto
cuerpos macerados articulaciones humanas
ligamentos pies dedos cabezas columnas
astillas huesos manos intestinos articulaciones
amasijo tensado hasta producir el sonido de una
cuerda el grito primordial inarticulado
el poema
el noema
el mapoe
el epomae
el

        P
          O
            E
              M
            A

enterr
        Ado
liber
        Ado
sosten
        Ido
entre dientes.

¡Arrrrr!

Diente con diente las palabras cruzan el desfiladero.

Nazca

Podré contemplarte sólo desde el aire
alguna vez llegar a ver el sentido preciso
de esos trazos
       rasguños   arañazos
con que me fuiste marcando la cara
cada parte del cuerpo
        pá
         Jaro   Alas
Un   con   extendidas
atravesado por el rigor geométrico
un mono un colibrí
una araña atrapada en su tela
haciendo de su soledad las pampas de Jumana
cavando con estacas cordeles
el duro alfabeto terrestre
       cielo estrellado   cometas azules
hija de mi cordón umbilical   cargando al nonato
círculo que se cierra en la lejanía
invocando el agua
esa tierra lejana de jagüeyes
herida abierta en la superficie.
Un dibujo sin profundidad.
Otra incomprensible geometría.

Vaciadero

Lo que fue un pie ahora es una huella.
Lo que fue una mano de carne
es ahora una mano de luz.
Soy el sol que muere en lejanas tierras
un cuerpo que se desploma
y se levanta
y se desploma
y se levanta
y se desploma
y se levanta
y desfallece
a 150 millones de kms de ti.
Había un río en tu corazón
un río que se proyecta en la noche
(cuando apagan los reflectores).
Un agua que no para de correr
y va bordeando las acequias
cuando la yerba susurra
la catástrofe de lo muerto
anudando en el verde la resurrección
el ligamento de cada hoja
y los dedos del tilo
tocan la ventana con delicadeza
una rama sin tiempo en el rostro que fue.

No hay orilla posible

En tanto el remolcador
–chirridos–
Y los cuerpos que viéronse flotar
tocan el fondo otra curiosa fauna marina
espeleólogos futuros no descubrirán
estos días brutales cercenados.
 No proyectan sombra.
Ni luz.
El sol el sol
despanzurrado yace de espaldas.
No hay regreso
repite el cuervo tropical
(tiñosa)
aunque una mano lanza en las aguas
el puñadito de arroz.

La extranjera

Tus cartas terminaban siempre:
A ti que estás en un país
extraño y lejano.
Cuando todavía podías escribir,
cuando tu mano aún era tu mano (un látigo)
y no un manojo de nervios, un temblor.
La primera navidad fue también la última, reunidos
bajo el árbol que ya no veías, apiñados como hojas.
Salí al patio a limpiar las hojas.
(Tú escuchabas el rumor).
Dijiste que no era necesario
que la maleza volvería a inundar la casa.
Pero yo me aferré a ese gesto inútil.
Te veía avanzar dibujo de Ensor,
calavera de Guadalupe Posada.
Estuve años con la plantilla de tu pie en el bolsillo
para los zapatos fúnebres.
Pero en la muerte no hay grandes pies ni zapatos.
En la manera de negarte la tierra, soy tu hija.
Soy ahora el lejano y extraño país.

Las pulsaciones de la derrota

Los hijos de la época bastardos de la época
vimos héroes enemigos en los techos vecinos.
Amigos descolgándose colgándose
paracaídas pantalones de camuflaje
piernas brazos pedazos hombres
abonando campos minados.
Vimos rodar la cabeza de Lenin
en el desierto de África
en las estepas de Moscú.
La historia vació
nuestros platos nuestros ojos
nuestras costillas.
(Le daban en el lugar roñoso
no pedía
le daban
le)
ofrendándose
haciéndose uno con la tierra
humus con la tierra
bosta con la tierra
tierra con la tierra
el terruño clamando reclamando
sus huesos sus articulaciones
el terruño tragando y escupiendo
(pedía
le daban
le)

hasta que la madre se secó los ojos
en la única camisa superviviente.

El grito primordial

> El hombre, expatriado y expulsado de la ciudad
> y sus vínculos humanos, vuelve a ser, otra vez,
> el animal.

El tigre encerrado entre cuatro paredes
en los centímetros del sol de su piel
olfatea
domesticado
un temblor una avidez lo recorren
las ganas de desgarrar
un cuerpo
de clavar los colmillos
buscando al centro un corazón
roerlo
despedazar el cuello delicado
de la presa
alcanzar la carótida.

Relámpago del infierno
yo he sido ese tigre.

Mi nombre en vano
(para grabar en ninguna parte)

Yo me cago en la posteridad
es como ponerle zapatos a un cadáver
que siempre anduvo descalzo

O como escribir con la soga al cuello
esperando que la soga dure más que el cuello
      que sea resistente
cazar palabras cotidianas
a brazo partido
a pie descalzo   a pata pelá
nombrar la soga
ser la soga
en casa del ahorcado.

El espectador sin espectáculo

El espectador sin espectáculo

Dos muchachas, dos caballos corriendo, torsos adelante, belfos
Que rompen ramas, ancas que crujen CORRER CORRER CORRER
a la estación vecina, CORRER CORRER CORRER
como si las azuzaran perros que no las azuzan.
–Un cántaro de leche –dijo Pep–. Mi infancia es como un cántaro de
leche. Humeaba. Se quebró. Mi madre mecía una cuna y entonaba
una canción con el pie.
Con el pie le daban a Emiliano, le reventaban el hocico, lo ataban
por detrás «para que cantara».
Y cantábamos bajito, haciéndonos cosquillas bajo las sábanas
para que no nos oyeran los demás, hasta que llegaba mi padre y se pasaba
una mano por los ojos.
Por los ojos no, por la visera.
Mi padre tenía una visera que impedía mirarle a los ojos.
Como el caballo
que amarraba todas las noches junto a la cama
para que no pudiera CORRER CORRER CORRER como nosotras,

dos muchachas (todavía no, dos niñas) con las rodillas pela-
das girando en redondo
al fondo de la pieza.
—Amárrenla —dijo el de la visera—. Clausuren las ventanas.
Como si fuera posible hacer algo más que ir dejando las cosas
detrás y
CORRER CORRER CORRER CORRER CORRER
CORRER
CORRER CORRER.
—Eso puedo olvidarlo —dijo Pep—. Lo que no sé es si puedo
sobrevivir.

PIE: Extremidad de cualquiera de los miembros inferiores
del hombre
que sirve para sostenerse o andar. Parte análoga y con igual
destino
en muchos animales.
—Esta es tu cabeza.
Y estas tus dos manos.
Y este tu tronco
dijo como afirmándome.
Y estos tus dos pies.
Y ya no pude tenerme en pie.
Cuando me olvido que soy dos
lloro por mí toda la noche.
Pep era demasiado grande
antes de que la sujetaran
a los barrotes de la cama.

De la dignidad de los oficios

El jardinero corta flores
el verdugo cabezas.
el cerrajero hace llaves maestras
el ladrón prueba su ganzúa.
La madre carga a su hijo
los sepultureros cargan muertos.
Los marineros atraviesan mares
las balas atraviesan corazones.
El dentista hace abrir la boca
la prostituta abre las piernas.
Los herreros aherrojan las bestias
para que no se vayan
por el camino equivocado.

Y dijo Pep:
–Cuando algo te duela, no lo apartes,
húndelo en ti, cantando,
como se hunde la moneda en el fondo del río.
–A las deidades del cielo se les inmolan animales
con la cabeza mirando a lo alto,
a las del infierno,
con la cabeza mirando hacia abajo.
Eso dijo.
Y le hizo (me hizo)
doblar la cabeza.

Emiliano, el tercero de nosotros,

cuando éramos tres (si llegábamos a ser tres)
tocaba la flauta como una navaja.
Por eso dicen que se hizo asesino.

Cuando a Pep le levantan el vestido
yo puedo oír los ruidos
y las fricciones más amargas
que sobadas de abuela.
Y cuando el vestido se queda solo
yo sé que sufre de cosas
que ni siquiera el viento se atreve a repetir.
Con zumo de naranja
con ramas de albahaca
con miel y cascarilla
con el sagrado corazón de Jesús
se limpian los males
de esta casa
               CERRADA
                    SIN ESPÍRITU
Rayan el cielo
lo podan
lo recortan.
Pero entre los barrotes
el cielo crece como pasto.
Se expande sin pudor
mancha las sábanas
Azul Azul
para pavor de las enfermeras.

–Igualita a su padre– me dicen–
Con los mismos hermosos

dientes de caballo.
Y al río nadie
(ni mi padre)
lo puede sujetar.
Y trae botellas, corchos,
juramentos de amantes,
cartas, ahogados,
y otros desperdicios
que esperamos con júbilo.
En esta tierra
tubérculos y hombres nos sembramos
en espera de la resurrección el milagro.
Así morimos.
Así nos levantamos cada mañana.
La cabeza inclinada.
El torso adelante.
Y las piernas que marchan
en dirección contraria.

HÚSAR:
Algo que ni Pep ni yo llegaremos a ser.
Y cuando seamos tres
(si llegamos a serlo)
Emiliano andará por las azoteas.
Y encontramos la cabeza de la vaca muerta
la astuta vaca sabina que nos hizo creer
que aquí podía levantarse un imperio.
¿Lo viste?
No.
Noneo.
Ninguno.
Nacido.

Nonato.
Vaciado.
Cayendo.
Golpeando
ras
con
ras.

¿Quién frota estos cristales y no es el invierno?
¿Quién se aleja con pequeñas pisadas?
Natividad, Natividad,
¿qué nombre dije?
Pulsión
de la
hoja que cae
febrilmente
amarilla
y
todavía
no
alcanza
el
temblor
de
una
mano.

Las palomas picotean el tendido eléctrico
Cables de alta tensión
Huesos que duelen
Juntura

Con
Juntura.

Y las cotorras pasan hablando en lengua
Y el Ecuador cayó
los polos giraron.
Ahora mismo está nevando en la calle San Lázaro
y mi madre se sobrecoge.
Y yo busco una lámpara.
Ninguna
como esos ojos de mi madre.

Los ojos de mi madre
no vieron el horror de las guerras mundiales,
otras pequeñas, íntimas,
la amarraron al horcón de la casa.
¿Con qué partes del cuerpo
sedujiste a mi padre,
que habrá temblado como yo?
Te amordazamos con las sábanas
te envenenamos con el agua
que nos traías del pozo,
Raquel.

Me alejé de mi casa.
PERDÓNAME.
Me alejé del corazón del hombre.
PERDÓNAME.
Olvidé la respiración de mi hermana.
PERDÓNAME.

La parra de mi abuelo, el sillón de mimbre.
PERDÓNAME.
Ya no soy digna.

A los mares les faltan afluentes,
a mis manos les sobran ríos.
Y vi que era hermosa vida aquella
la que se sostiene sobre dos patas.
Como los flamencos.
Pep apenas se apoya en un pie
y danza inmóvil.
Como los flamencos.

A Pep la despojaron
hasta de los pronombres posesivos.
Fui
lo
perdiendo
todo
poco
a
poco.

Las cosas pierden su peso.
Las puertas pierden los goznes.
Las ventanas ya no se apoyan en los marcos.
Los rostros no se apoyan en las ventanas.
El campanero toca las campanas
y el pie que apunta a la eternidad
cuelga como un badajo.
El campanero, como el mulo,

su misión no siente.
Cuando sacaban los muertos en carreta
era como una fiesta de domingo:
repicar de campanas, rechinar de las ruedas.
y la cara jovial del cochero,
que avanza, pese a todo.
Por mí se va a la ciudad doliente.
Por mí se va al eterno tormento.
Por mí se va
tras la maldita gente.

Escucho a los insectos
y a los hombres
con la misma
perfecta
indiferencia.
Cuando yo me hundo en tierra,
Pep brota.
No somos avestruces
aunque pasamos todo el día con la cabeza metida en la arena.
Hacer agujeros es nuestra forma de avanzar.
Avanza, avanza el pie.

Para que yo escriba
Pep enloquece en círculos.
La verdad no es redonda.
La poesía no comunica.
Las palabras
no comunican.
El lenguaje
es una tercera persona.

Extinguirse.
Hacer las maletas
–rápido–
Antes de que la noche
te sobreviva.

Envenenarse con los mares del Sur.
Y ser un extranjero
que no busca otra cosa
sino un lugar donde poner los pies.
Pero cuando se ponen los pies desaparecen los caminos.
El tiempo escribe en ti sus pequeños apuntes.

Cuando la explanada se cierra
vacía
sin excremento de caballo
sin yerba para enmudecer
ni relincho humano
nadie podrá indicarte el camino de regreso a casa.

–¿Decías?
Yo me saqué a mi país de una costilla
y desde entonces ando con las manos vacías.

ELPIDES.
Con la próxima helada.
Cuando los pájaros emigren.
Tal vez el año próximo.
Una ventana.
Recostar la cabeza en ella
como si ese verdor fuera posible.

Porque nos parecemos
a las calaveras de Guadalupe Posada

Ni esperanza ni miedo

Séneca

Esquirlas

Había sucumbido a un colapso mental, dijo el hombre, como un caballo sin palafrenero. Caballo, sí, pero orgulloso todavía de creer en una meta, en un propósito, en un camino rectilíneo.

La mujer, en cambio, había sucumbido. ¿En la guerra del 41, en la de 1914, en la del 44, en la batalla del Helesponto? ¿O nació sucumbida y logró desplazarse entre las cosas sin despertar sospechas?

—Tengo que cruzar el río, tengo que cruzar ese río, le repetía incesantemente, y el caballo que no, que vadearlo, la línea recta, las piedras del fondo...

En 1914 la mujer logró cruzar el Helesponto; en el 41 apareció en esa clínica atravesando el Rubicón, y en el 43, Sasha, cuando tus padres colgaban de los árboles (el caballo avanzaba zigzagueando seguro en línea recta), limpiábamos letrinas y unos niños eran encerrados en otro campo de concentración, aislados, para que pronunciaran las primeras palabras del hombre, quizás en culposa lengua hebrea, y cuando se escuchó un gemido, se supo que la primera lengua humana era el dolor.

Los dientes del caballo se hicieron despiadadamente afo-rísticos:

—«El hombre es el único animal que va montado sobre otro animal».

Mi madre se ganaba la vida en un quirófano, entre un paraguas y una máquina de coser. Llegaba con las manos heladas y no podíamos ampararla.

—El quirófano es también un lugar hermoso— decía cuando hablaba. Cuando no hablaba se escuchaba el ruido de la máquina cosiendo cosiendo suturando una boca, la suya, con meticulosidad.

Tenía que sacármela. Que no hallara la esquirla no quería decir que no había esquirla. Que no encontrara el fragmento de bala, no quería decir que no había bala.

Arrojo.

Balo.

Balidos.

¿Míos?

¿Hasta el amanecer?

Lo visible está conectado a lo invisible como un cable de acero a un transistor. Me habría robado el transistor, no para escuchar las noticias, sino para hacer más silencio. (Ese silencio que crece como un cáncer).

El canceroso de la cama de al lado mete bulla, quiere morir con ruido, con una (sobre)dosis

de compasión.

Yo, en cambio, prefiero la extracción: sacármela.

Que no hallara la esquirla no quería decir que no había esquirla. Que no encontrara el fragmento de bala, no quería decir que no había bala.

Balo.

Balidos.

Míos.

Hasta aquí.

El capitán le puso la pistola en la nuca:

—Te voy a pegar un tiro sin hacerte juicio sumario.

Había tenido la debilidad de mirar al «enemigo», esa cosa fofa, temblona (con un dejo de conmiseración) y no como la abstracción de una causa.

–Te voy a pegar

(el capitán se sobaba los cojones para darse coraje)

–un tiro.

(delante de toda la tropa). –Como escarmiento.

Y el enemigo se metía en sus poros, se ponía a temblar allí, donde siempre había estado, porque, ahora (el capitán lo estaba diciendo) «el enemigo» era él, y pronunció la palabra irrevocable: traidor. La palabra saltó como una rata contra la que nadie abrió fuego. En cambio, el capitán (la nuca respiraba su pistola), podía pegarle un tiro, sí, (y nadie hallaría nunca la bala) y la chapilla con su número podría indicar que había muerto en combate y entonces ni los ojos de esos hombres (a los que había mirado con un dejo de conmiseración) ni sus mismísimos padres, ni...

A la mañana siguiente amaneció como un higo podrido.

Los campesinos, con sus azadas, pasaron cantando al alba:

«Danos pasto, Señor,
y abono suficiente
para la próxima estación».

«El Señor es mi pastor», cantaban las ancianas protestantes en las horas de misa, y los austeros fondillos evangélicos, sentados sobre rústicos bancos de madera, (a imagen y semejanza de la mano de Dios), y los católicos con sus iglesias góticas donde la luz entraba llenando las cúpulas, los vitrales, (a imagen y semejanza de) y se abrazaban y besaban, «el Señor es mi pastor», y luego salían en el resto de sus días y sus noches a la calle, desamparados.

—Un pedazo de pan negro no puede hacerme miserable.
—El deseo de un pedazo de pan negro no puede hacerme más miserable.

Las cabras balaron Beco.
Los niños repitieron Beco.
Y recordé las palabras que había aprendido a olvidar.

—Tenemos que talar, cortar, amputar, o como prefieras llamarle. Tu identificación con el árbol es excesiva. Y, como se sabe, los árboles impiden ver el bosque.
Entonces me fui a Montegrande, a orinar sobre un árbol marcando así mi territorio:
—Que mi madre se gane la vida como puta, abierta en un quirófano, atravesando primero el Rubicón, antes de enterrarse en el humus, en este suelo amargo, en esta comarca de humildad.

—Quisiera poder atrapar la cosa en sí— dijo la mujer, reteniendo el borde de la taza. Pero la cosa en sí se balanceó y se hizo astillas sobre el piso, con precariedad.
—Podías haberme evitado todo esto— dijo el hombre cuando fue a verla a la clínica. (Aumentaba de grado, bajando la escalera peldaño a peldaño).
Cuando la mujer encontró la esquirla, el fragmento de bala ya era un pedazo de metal inofensivo.
Sobre la cordura del césped se recortó la espalda del hombre, alejándose, convertida en un punto ideal para un francotirador.

El tranvía llamado deseo

No era un tranvía: era un bus. Lo había tomado no para ver a ninguna hermana. No Nora, no Blanche, no Marlon Brando, sino para alcanzarse a sí misma. Los tranvías tenían un ritmo, otro tempus: velocidades específicas.

Ella ha pintado caballos toda su vida. Ha soñado con ser poseída por un caballo y ser el caballo.
Ella es un animal doméstico.
—No soy un animal doméstico —piensa mientras se sube al bus, se coloca al lado de la ventanilla y una vieja. La vieja es la mediatización entre ella y el paisaje. Si ocurriera un accidente, se borraría esa potencialidad nefasta: ella no sería nunca la vieja.
El conductor anuncia con gesto aséptico:
—Nombres y teléfonos por pasajeros, «no sólo por si pasara algo en el bus (un accidente) sino por si hubiera algún enfermo, contaminado, para luego poderles avisar».
En el asiento de enfrente un viejo tose, ha tosido durante todo el viaje y un joven, a su lado, junto a la ventanilla, escucha un personal. («¿Todo lo que usted necesita es amor?»).
El viejo está contaminado, enfermo —no puede dejar de pensar—, todo el bus está infectado y dentro de poco se desatará la histeria colectiva.
La vieja, como si pensara lo mismo (de Ella) pide cambiarse de asiento. Contaminada, sí, pero con el asiento para ella sola, la invade una sensación de bienestar. ¿Qué dice el paisaje, audible, incluso a través del cristal?

¿Qué es el caballo? Es la libertad tan indomable que se torna inútil aprisionarlo para que sirva al hombre:— se deja domesticar, pero con unos simples movimientos de sacudida rebelde de cabeza —agitando las crines como una cabellera suelta— demuestra que su íntima naturaleza es siempre bravía y límpida y libre.

Ha estado escuchando hasta quedarse dormida, hasta el sobresalto del joven con el personal a su lado. Primer impulso: echarlo, que se vaya con el viejo con escorbuto; luego, dejarlo y reducir su espacio a una unidad.

El joven abre las piernas (blue jean ceñido) y deja que el sexo se insinúe. Con disimulo, con regodeo luego, dejará que el sexo se vaya haciendo más ostentoso, ostensible. Si le dijera (si le digo ahora mismo sin abrir la boca) «tengo sed, mas de un vino que en la tierra no se sabe beber», él quizás no seguiría moviendo así los muslos, dejando caer las manos como al descuido, acariciando la longura de la entrepierna mientras finge dormir pero la mira.

Yo también finjo, pero los ojos de Ella no pueden sustraerse al movimiento de la pelvis, de los muslos abiertos (se cierran cuando pasa el conductor o el viejo con escorbuto se inclina demasiado). Se va haciendo noche cerrada o ellos van haciendo la noche. No habrá una palabra ni antes ni después ni durante. Los brazos y las piernas se rozan, por un momento se colocan de frente, casi boca a boca como auténticos amantes. No olvidan, sin embargo, que no lo son. Cada uno mira al otro como un felino. (Todo caballo es salvaje y arisco cuando manos inseguras lo tocan).

La mano de ella roza la entrepierna de él para darle seguridad. Será amable y por un momento ofrecerá una frazada. Lo sentirá (bajo los pliegues de la frazada) abrir la cremallera y soltar la verga, los dedos recorriéndola en un gesto de incitación. La mano de Ella la palpan, un animal vivo fustigándola y se me llena la boca de saliva, una saliva de siglos, sed de desierto en un paisaje de dunas. Mastica como una infusión de yerbas la humedad del glande, del prepucio, del tronco en toda su extensión. Como para calmar el dolor del pecho: quitapena. Y me convierto en aulós: toco en la flauta báquica la melodía que nadie escucha, porque éste es un concierto de solos, donde ninguno escucha al otro y procurará no ser escuchado por un tercero. La verga, la pinga, la polla, el pico, sin embargo, como autónomo se mueve en mi boca, siento sus contracciones, y a través de ellas, el temblor del hombre. Luego se juntarán como en un collage (pero esto lo pensará después) la mano del hombre y la cabeza de ella en los espasmos finales.

Luego serán los dedos de él recorriéndola, metiéndosele hasta el final de la vagina en un, dos, tres, cuatro, rápidos movimientos, hasta que pierda la cuenta y me muerda a mí misma para no emitir ningún quejido.

Los Beatles, que con el personal han caído al suelo, patéticamente cantan: «Todo lo que usted necesita es amor».

A la mañana, cuando bajen del bus y no nos reconozcamos en los ojos, desnudos de la misma soledad, cada uno ha de seguir atado a una estaca en el gesto primero del deseo: el despojamiento.

Intentando poner en frases mi más oculta y sutil sensación –y desobedeciendo mi necesidad exigente de veracidad–, yo diría: si pudiese haber escogido, me habría gustado nacer caballo. Pero– quién sabe– quizás el caballo no sienta el gran símbolo de vida libre que nosotros sentimos en él.

Porque nos parecemos
a las calaveras de Guadalupe Posada

(UN LUGAR SUCIO Y MAL ILUMINADO)

«Oscuridad, mi luz», podría decir si las citas me conforta-
ran. Pero no tengo un padre Layo, ni siquiera sé si mi padre
fue pederasta para recibir esta maldición:– «Una venda en
los ojos y el paredón de fusilamiento».

–No exageres –dice Uno–. Será un apagón de unas horas
y luego volveremos a la vida normal.

–¿Normal? –(Otro)–. Sí, puede que esto haya sido dise-
ñado con perversa sabiduría. A lo mejor nos dejan así para
que meditemos. A lo mejor el oráculo de Delfos era una boca
de lobo: «Conócete a ti mismo».

Y nos sentamos en el quicio del portal a apurar nuestra
cicuta, escuchando cada uno su propio daimon (que es lo
que nos sobra), mientras bebemos ron, aguarrás, chispa'etren,
matarratas, hasta que nuestros ojos quedan vacíos, homéri-
camente cerrados.

Cuando los abro (cuando viene la luz), pienso en aquello
de que un hombre no soporta mucha realidad. Me voy a mi
redil, a mi cuartucho en un solar del Barrio Colón, antaño
aristocrático, que ahora sólo se reconoce por la escalera de
mármol, como una prostituta con afeites. Ahí vivimos todos
en perfecta promiscuidad, interrumpida a veces porque un
negro aparece meando en el pasillo o mirando hueco en el
baño común. Entonces, como no es Acteón, no se lo trans-

(DE CÓMO ME FUI VOLVIENDO VERDE)

Con los ojos de sapo. Con el color de un sapo. Por mimetismo. Verde. Aunque en los vientres de los pájaros muertos también encontraron presas mimetizadas. Entonces la mímesis (o la simulación) no sirve de mucho.

Verde como las palmas que no sé si quiero verdes. Como los espejismos (verdes) del desierto: ¿del Sahara, de Atacama, del terreno baldío que está frente a mi casa (verde).

–Mira las ojeras que tiene (que tengo) (verdes), de tanto mirar la línea del horizonte.

Del mar fondobotella hasta convertirme en légamo, en yerba rala. Siempre recomenzando. Siempre recomenzando.

(CUANDO LE RETUERCEN EL CUELLO A LOS POLLOS)

Cuando le retuercen el cuello a los pollos, estos se ponen a saltar como si fueran a atravesar volando el cielo de la Isla, pero se quedan pegados en el suelo en volteretas anónimas mientras agonizan.

En vuelo efímero hacia la muerte, los pollos sueñan que son cóndores.

(EL FAISÁN DEL PARAÍSO)

Estaba con el pescuezo colgando del vertedero, hasta que se acordó y se arrancó una pluma. Garabateó como pudo:

«Revelación de Juan, vuestro hermano, partícipe en la tribulación, en el reino y en la paciencia, estaba en la isla de Patmos cuando me arrebató el Espíritu para proclamar y para dar testimonio».

(Para Creta, con amor)

«Y me tragué el librito, el azúcar prieta, amarga, y escribí estas cosas para confortarlos:

1.– La procesión va por dentro.

2.– El muerto adelante y la gritería atrás.

3.– No hay mal que dure cien años ni cuerpo que lo resista.

A las siete iglesias: Catedral de La Habana, Iglesia de Regla, de Guanabacoa, Catedral de Santiago, a la Capilla Sixtina de Matanzas, a la Santa Sede de Villa Clara, a la Basílica de la Caridad del Cobre.

(Y que los otros no se sientan excluidos porque el Verbo alcanzará para todos).

Que yo he visto sus obras y tribulaciones y conozco su pobreza (pero ustedes son ricos). Que se acuerden del montuno, la trompeta y el areíto que nadie vio nunca bailar en estas tierras. Que yo soy el que soy y vengo tumbando.

Todas estas cosas las dejo escritas, en siete papelitos, selladas con siete sellos y amarradas duro con hilo de yute, para que se las rifen».

(Moscas)

Yo le tengo asco a la leche. A la leche con una mosca adentro. Es decir, le tengo asco a las moscas. Cuando revolotean trayendo noticias del más allá o del más acá. O no trayendo nada. Posándose en las paredes, en los rostros de los vivos y los muertos.

Quiero creer que de una calavera puede surgir un panal, pero cuando las moscas zumban como avispas sobre un cuerpo descompuesto, yo siento asco. No esperan la descomposición, sino la provocan. El asco es algo que empieza en el estómago, te sale por la boca y termina en una arcada o vómito donde ellas se posan. O no termina nunca, esta repulsión de estar vivo, sino en la muerte, o tal vez no, no sé cómo es, todavía no morí y cuando haya muerto no lo sabré.

(Por agua)

Entonces decidí ahogarme y me lancé al ojo de agua. El ojo me ignoró, mirándose a sí mismo. Me mostró a una biajaca, cuyas escamas relumbraban en siete capas, y cuando respiraba parecía un escudo. Me puse a mirar las escamas de la biajaca y vi las primeras estalactitas, las formaciones calcáreas de la isla, los hombres danzando alrededor del fuego, arañando en la piedra, vi levantarse las estrellas, los mogotes y las palmeras, las espaldas y los batracios, todo formando una misma masa compacta. Vi a mi madre llorando por los primeros frutos y a mi padre esgrimiendo un bastón. Vi que devorábamos una cerda blanca. Me vi a mí mismo, mirando azorado en los ojos de la biajaca. Y supe que nada terminaría ni aunque nos comiéramos nuestras propias mesas.

Mi padre me dijo:

—Ve al patio y trae yucas para la casa.

Pero cuando llegué al sembradío y metí la mano en la tierra, sucedió lo más extraño: las yucas estaban muertas. Arranqué un cangre y salía sangre, arranqué otro, y también, la sangre seguía corriendo.

Las yucas se pusieron a gritar:

—Somos tus hermanas, ¿no nos reconoces? Salta la cerca, Polidoro, no vaya a ser que te siembren también a ti, de un puñetazo.

—¿Por qué hemos nacido aquí? —le pregunté a mi madre, mirándole a los ojos (vacíos).

Mi madre y yo estamos amarrados a una enredadera, por el día arrastramos las barrigas por el suelo, por la noche nos abrazamos, entrecerrando las hojas.

(ERIAZO)

¿La soledad se come con cuchara?
La sola edad
   La sol
La   ed
La edad comiéndose a mi madre, revolviéndole las entra-
ñas.
Pero no se la come, se atraganta.
Mi madre se arranca la piel hasta alcanzar la desnudez
hueso del hueso.
   La ed
     La
          S
     La
        O
            La
           ¿La?

Los ojos lloran y no lloran. Vaciados. Sin aristas. Pulidos como chinas pelonas.

(Porque nos parecemos a las calaveras de Guadalupe Posada)

Con una cotorra en la cabeza, es decir, en el cráneo pelado, con una sonrisa sempiterna (la de la cotorra) que nos contagia y va transformándose en risa, en carcajada, en bravuconería. Barrido el Barroco. Barridas las heces del perro, las eses del borracho que tropezó en la escalera, barrida la sangre (de la botella) con que se cortó las venas, hasta convertirse en otro esqueleto (el borracho). Y aquí formamos el Septeto, Nacional, ¿me oyeron?, sonando el guayo y las tráqueas, cantando las canciones que vuelven.

Lo perdimos todo menos la música: las canciones pastosas que se pegan a las encías. (¿Oye alguien mi canción? ¿Puede oír alguien mi canción?). Las claves con las falanges y el sonido sonoro de las dentaduras marcando el ritmo: rit/mós, rit/mós, rit/mós, que todavía hasta podemos puntear el tres, (porque en la muerte nos siguen creciendo las uñas) y Alguien se queda lelo, moviendo la inexplicable cabeza a compás.

Pero en la muerte todo es equitativo, «allá van los señoríos a se acabar», y nos reímos a carcajadas, a mandíbula ba-tien-te, sonando una rumba de cajón (de cajón de muerto) y los turistas nos miran arrobados: «¡Vaya orquestica típica!» y sacan fotos fotos fotos que después no hallarán en la Kodac. Y lo que el lente ni el ojo alcanzan a captar, bajo la superficie socarrona, es la pulpa del ser, su quebradura. El esternón altivo– dijo Alguien– colocado en el tristísimo esqueleto rumbero.

Entonces mi madre dijo: trágame tierra, pero no vi que se abriera ningún hoyo, como no fuera la boca de mi padre (desdentada). Si uno vencía la repulsión podía ver la lengua morada, que si se trababa y se doblaba hacia atrás, provocaría un ataque de asfixia inmediato, pero no se asfixiaba, sino que la lengua (un pedazo de carne morada en la boca de mi padre) seguía moviéndose, diciéndole a mi madre, a los cuatro vientos, que a él había que respetarlo, cojones, que para eso era el hombre de la casa: había subido, bajado, luchado rompiéndose el espinazo por Esto (algo intangible y grandioso como una pompa de jabón por la forma en que movía las manos), que no iba a soportar que ningún pequeño judío, miedoso, escribiera cartas contra su padre (ÉL) y que no creía esa historia de que yo era una mosca muerta.

Entonces mi madre repitió: trágame tierra, en un gesto dramático, pero hasta la tierra, maldita, rechazó tal ofrenda.

(EL HAMBRE)

Voy a enterrarme aquí mismo, en las losetas del patio.

Ya estoy en un nicho, con los pies para arriba y las manos cruzadas sobre el pecho.

Cuando pienso en mi corazón, el peso del corazón de un difunto, pienso en el desperdicio de vísceras que no saciará la boca del Gran Devorador.

Quizás Alguien lo tase equitativamente: Mi corazón mi madre, mi corazón mi madre, mi corazón que me entrega el ser: Respiro con dificultad.

Ojalá alguien se acuerde del hambre y me pongan un boniato en el ombligo para que se me cierren los ojos, mirándolo.

Fuego fatuo

Yo inventaba pequeñas historias sórdidas. Ni tan sórdidas: pequeñas historias como la vida minúscula de una hormiga, de una obrera, de una mujer sola, antes y después de llegar a casa. Yo era una mujer sola, recostada a la pared, inventando historias minúsculas como mi vida de hormiga.

La primera: la del accidente. Me había quebrado las rodillas: la forma en que ocurrió lo había olvidado, cambiaba según el número de veces que me vi obligada a contarlo:

1.– Había estado bebiendo, me emborraché, salí y me atropellaron.

2.– Rodé escaleras abajo.

3.– Me las habían quebrado a puntapiés.

4.– Intenté suicidarme, lanzándome ante un auto.

5.– Dos policías me habían acribillado.

6.– Me pasó un camión por arriba y sobreviví.

7.– Fui a caerme, de rodillas, sobre una máquina de escribir eléctrica, en posición votiva.

La forma en que ocurrió se desdibujaba, en todas las versiones sin embargo, o en la sumatoria de todas, aparecía algo oscuro: yo había dejado de caminar y mis rodillas estaban quebradas sin que supiera por qué.

Tenía la espalda, inmóvil, recostada a la pared donde me apoyaba para inventar pequeñas historias sórdidas, una ventana donde veía a la gente minúscula, que quizás nadie se detenía a mirar. De algún modo, aunque inmóvil, poseía una ventana indiscutida, «indiscreta», lo que me confería una especie de superioridad. Miraba, los veía abajo, frente a mi ventana y creaba un tejido rápido, apretado como un puño, antes de que desaparecieran.

Secretaria: 32 años, media hora de colación, media de punto corrida, agujereada, viene a encontrarse con su amante antes de regresar dócilmente al trabajo.

Amante: Funcionario gris, 43 años, servil, traje cobarde, aspiraciones de grandeza de fines de semana. Toman un café compartido con sudorosas monedas contadas. Se aparean rápido en el cuarto provisorio, evitando mirarse.

Ejecutivo ante un semáforo: 35 años. Arribista. En su carpeta, una transacción inescrupulosa. Pelo engominado, los zapatos lustrados con saliva. Toda la rabia concentrada en el nudo de la corbata: no se ahorcará: aspira a ascender.

La Ascensión. Una película de A. Tarkovski que poco y nada tiene que ver con estos personajes. ¿O sí? ¿No asciende acaso también, todo lo pequeño? ¿O sólo cuando son volutas de humo, de fósforo, cenizas sin diamantes, sólo cuando han dejado de arder?

EL ASCENSOR: Se quedó atrapado en el entresuelo –escucho al conserje que grita lo mismo que grita la vieja que se quedó atrapada en el entresuelo:

–No se puede salir. ¡No hay esperanzas!

Yo no tengo esperanzas pero tengo una ventana por la que puedo inventar (regir) el destino de los otros.

JUNIOR: Ha estado repartiendo paquetes toda la mañana. Saludos ha estado repartiendo: «Buenos días, Sr., buenos días, Sra., buenos días, mojón de la calle».

Ha recorrido toda la ciudad: rodillas genuflexas, espalda musculosa doblada. Mira en su muñeca el reloj barato: ha sido humillado. Se comprará una moto, último modelo, donde montará (trofeo) a una rubia teñida con los dientes falsos.

Cambio de luz del semáforo. Dos tipos de chaquetas duras ostentan el cuero mañanero:

–Qué tal Billy, qué tal John, qué tal Billy Juanito negro mulato cholo sudaca después de la segunda jarra de cerveza.

Un perro con un hombre. El perro tira del hombre como los enfermeros de la cordura. El perro y el hombre chapotean en el mar de asfalto. ¿O es un mar de sangre?

Los alcatraces picotean la espuma urbana.

Y el Dios Mercurio, cuchillo en mano, desciende desde el horizonte y raja en dos a la vieja de la cartera, que es una malnacida que no comprende el sol.

Me incorporo y gesticulo, sin mover un músculo de la cara, porque a estas alturas yo tampoco comprendo. La reverberación del sol. ¿Soy invulnerable? Alguien, desde alguna ventana debe estar inventando una pequeña historia sórdida para mí. Alguien, un francotirador, debe estar observándome.

Con avidez busco en las ventanas de los edificios de enfrente. Y entonces lo veo. El me verá a su vez, disparará sobre mí. Caeré, reventada, sobre la acera, convirtiéndome en noticia. La policía vendrá, la gente se aglomerará a mi alrededor y yo apenas tendré tiempo de decir, como inculpando a alguien: «Mercurio psicopompo». Y cerraré los ojos y me convertiré en suceso.

Pero el asesino, desde la ventana de enfrente ni siquiera me mira. Tiene los ojos bajos, derrotados, fijos en un punto muerto, donde la ciudad transcurre, impotente.

Domingo muerto

La vida era peor que el neorrealismo italiano. Peor que un ladrón de bicicletas. Mi vida no era ningún acontecimiento, ni siquiera para mí. Me fui a La Quinta Normal, a ver una laguna con patos, un charco de agua verdemugre, artificial, con unos botes ridículos y gente ridícula que hacía movimientos enfáticos, como si exudaran, en la miseria, felicidad.

Me fui a ver las momias Chinchorro (las más antiguas del mundo, según el catálogo), en el Museo de Ciencias Naturales. Entre osos polares disecados, bisontes, canguros, tortugas de las Islas Galápagos, cartílagos de tiburón y dientes de ballenas gigantes, estaban ellas. Primero vi los cráneos, despojados de ojos y pespunteados, las mandíbulas donde quedaba aún cierta dignidad y los dientes (lo que fueron unos dientes) aferrados a una comida inexistente.

Hojas de coca, mola y utensilios que tuvieron un uso cotidiano: una cuchara de madera, un jubón de piel donde recoger un cuerpo y un pequeño cráneo, de niño, aplastado quizás por las manos de su propia madre. (Pensé en las veces en que mi madre había colocado sus manos sobre mi cabeza).

Los indios nortinos, para diferenciarse entre sí, se deformaban el cráneo. Cintas «correctivas» se aplicaban a la cabeza desde la infancia para distinguir a unas etnias de otras. Allí estaban los cráneos, con las distintas protuberancias y los hilos vegetales que habían sobrevivido al tiempo.

Pasó una niña riéndose: –Quiero ver los patos.

Pasó un tipo riéndose: –Tengo tres dientes y me parezco a esa.

Pasó la Muerte, hablando bajo: –¿Quién quiere oro, quién quiere oro, quién quiere oro?

Arrancaban las vísceras y dejaban el esqueleto limpio y entonces empezaba la reconstrucción: colocaban unas varas en el esqueleto, atravesando la columna; modelaban la carne con el barro, impregnándole pigmentos, y luego a veces la cubrían con la propia piel del difunto.

Había momias «negras», a las que habían aplicado manganeso, momias «rojas» y momias «embarradas» (las que habían sido sepultadas con el procedimiento de carne y barro).

Un rostro (lo que fue un rostro del 5000 a.c.), con un sobreviviente pelo trenzado, me miró con sus cuencas vacías. Mi metro sesenta y ocho se sostuvo como pudo.

Cuando buscaba otra cosa, la vi a ella, no la estatua, sino la mujer de sal, la casi intacta. No le habían aplicado ningún procedimiento artificial, sólo la sal, el salitre nortino, la había conservado así: la boca abierta, como en un gesto de asombro, los fémures aferrados a un pedazo de piel de camélido y las piernas dobladas, cubiertas con unas cuentas de colores.

Pensé en el horror y en la sorpresa de la boca, en las frustraciones de una mujer de la cultura chinchorro, en mis propias piernas, dobladas noches enteras.

Salí a ver los patos.

Llegué hasta el final del parque.

El parque desembocaba en un santuario sudaca de la Virgen de Lourdes, réplica a su vez, del de la gruta de Masabielle. Allí una mujer con un micrófono, ante un grupo de gente pobre y sucia, hablaba de la Inmaculada Concepción, del milagro de estar vivos.

Caminé hasta una de las imágenes de la Gruta. En la novena aparición, la Virgen se le manifestó a Bernardita y le ordenó que comiera hierba, para revelarle un secreto.

Entonces, allí mismo, mientras los otros masticaban churros, huevos duros y algodones de azúcar, me puse a comer hierba, sin importarme lo que la gente pensara.

Estaciones

Primavera, verano, otoño, invierno, primavera.

Dos monjes budistas en una isla. El mayor enseña a un niño. El niño ríe, atrapa un pez y le coloca una piedra y lo arroja al agua. (El Monje Mayor lo observa). El niño captura a una rana, la cruza también con un hilo, le amarra una piedra y la lanza al agua. Se ríe al ver cómo intenta nadar dificultosamente. (El Monje Mayor lo observa). El niño se mata de la risa: agarra a una culebra y le amarra una piedra con un hilo. Mira como la culebra carga la piedra, arrastrándose. (El Monje Mayor lo observa). Cuando llegan al Templo, el niño se queda dormido, el Monje Mayor le ata una pesada piedra a la espalda. A la mañana, el niño le dice que no puede con el peso. El Monje Mayor le responde que qué le hace pensar que la rana y el pez y la culebra pueden hacerlo. Que las busque y que las libere. «Si alguno ha muerto, llevarás una piedra por siempre en tu corazón». El niño las encuentra muertas.

Cargará las piedras, se enamorará de la muchacha enferma que llega al Templo, dejará al Monje Mayor, saldrá al mundo, acuchillará a la muchacha (ya la mujer) que lo abandona, regresará al Templo lleno de venganza y violencia. El Viejo Maestro lo acoge, lo pone a grabar caracteres que calmen su alma, su odio, a grabar en el piso de madera, con el mismo cuchillo con que apuñaleó a la mujer. Caracteres, dice, que le devuelvan la paz y la fuerza, la tranquilidad interior. Dos policías llegan a buscarlo, piensan matarlo ahí mismo, dispararle mientras el muchacho esgrime el cuchillo. El Monje Mayor los detiene. Les pide que esperen a que termine de grabar los caracteres. Cuando termina, se lo llevan, casi como apenados, los tres, ya sin odio ni rencor por ninguna de las partes, ya por fin, cumpliendo cada uno lo suyo, en paz.

El viejo Maestro se coloca unos papeles en los ojos y la boca. Escribe «Cerrado». Se los sella sin que pueda mirar o respirar (entregó al discípulo). El Monje Mayor se mete en un bote, al que deja entrar el agua, hace un círculo de leña, en el centro del bote, se coloca en él, centro del círculo y prende un fósforo. El bote y el Maestro Mayor arden en el río.

Vendrá el invierno. El río ahora es una superficie helada que hay que atravesar para llegar al Templo. El muchacho (ya un hombre maduro) llega caminando sobre el hielo. Reverencia al Buda. El anciano y el bote están sepultados bajo la nieve. El hombre talla en el hielo la cabeza de buda, descubre en la gaveta del Maestro Mayor un libro ritual. Lo lee, practica las posturas y los ejercicios que hay en él, sale en la nieve a curtir su cuerpo, se hace duro como las espinas del frío.

Una noche, una mujer con el rostro cubierto por un pañuelo morado llega con un niño en brazos al Templo. El monje los acoge y les deja entrar. Se echan en una estera a dormir. Por la madrugada, la mujer con el rostro cubierto, llora y le reza al Buda. Luego se va llorando por la nieve y se cae en un agujero de agua donde sólo queda flotando un zapato. En la mañana, sale el niño a rastras, por la nieve, buscando a la madre. El Monje lo rescata y lo lleva al Templo. Encuentra el zapato de la mujer, busca en la nieve y halla un cuerpo con un rostro que no vemos pero que debe ser el rostro de Ella, donde el monje coloca una cabeza de Buda sobre el vestido vacío. El monje se ciñe entonces a la cintura una rueda pesada, con una soga. Tira de ella con todas sus fuerzas, con todo el dolor. Sube por los bosques, por las laderas escarpadas, por entre los pinos secos de nieve. Carga consigo la rueda y la piedra y en los brazos, una estatua del Buda. Gime. Sigue. Cae. Llega a la Montaña. Desde la montaña se ve un círculo azul: el Templo ha quedado abajo. El niño, el asesino, el arrepentido que grababa caracteres a cuchillo, el expresidiario, es ahora El Maestro. Mira desde la montaña. Abajo, en el Templo, una serpiente corre por la estatua de Buda. El pez, la rana, nadan otra vez ligeras. El Maestro dibuja la cara del niño que golpea el caparazón de una tortuga, del discípulo que ríe, incipientemente cruel.

Es primavera otra vez.

Hagoromo

Cuando me quedo solo: Hagoromo: un paisaje mental.

Un pescador contempla el paisaje, de pronto, ve flores en el aire, flores que tienen fragancia y música y encuentra un vestido sobrehumano por su belleza: de un dios tiene que ser, y se lo queda. Y no lo quiere devolver. No es de un dios sino de una diosa: la Doncella Celestial, que baja por él. La Doncella le pide (cuando podría arrebatárselo, como Diosa), que se lo devuelva, pues sin él no podrá remontarse a los aires, pero el pescador, que sólo ha visto cedazos , morralla y peces muertos , se niega, y para hacerlo, le exige que le deje algo a cambio. Entonces ella consiente y decide, ante él, para él, bailar una danza celestial, de su mundo donde no hay falsedad, y le deja el conocimiento de la danza, como prenda, más valiosa que el vestido, a los hombres. La Doncella Celestial danza entonces con su vestido y se eleva sobre el Monte Fuji. (Aquí yo también doy pasos de ciego en una danza cataléptica). Nada ocurre en términos de acción, el escenario es vacío (con el vacío lleno de lo japonés), tiene sólo al fondo un árbol, (pintado) que es donde viven los dioses. Un coro hierático canta lo que ocurre a golpes de tambores que no superan los cuatro registros y los actores no actúan en el sentido occidental ni bailan, todo está regido por convenciones dramáticas (máscaras, colores, espacios que separan el mundo sagrado del profano). Entonces la lluvia de pétalos que ve el pescador cae invisible y la Doncella Celestial baila extática, (yo bailo extático), mientras el coro describe cómo se mueve, cómo me elevo. Con la cabeza atada y el cuerpo amarrado en contorsiones precisas, no separo los pies del suelo (excepto cuando salto). Luego, me voy caminando, volando sobre el escenario hacia el Monte Fuji.

Biografía

Había nacido en Pueblo Hundido, 1970.

Estudió ingeniería matemática.

Se puso a trabajar en la industria en una fábrica de alimentos para perros y gatos.

Y escribió un libro de poemas, Panteón, donde sepultaba a mujeres ilustres: Isadora Duncan, Beatriz Portinari, Cósima Warner, Lou Andrea Salomé, Elizabeth Barret, Natalia Nikolaievna Pouchkina.

Dio a cada muerta firmes acres de tierra.

Con las mismas manos (alimento de perros y gatos), hurgó en los cuerpos literarios, descompuestos.

Exequias triunfales

Hoy me levanté temprano. Nunca he sido una persona impuntual, y menos a la hora de mi muerte, es decir, de mi entierro.

He visto a tanto hijo de vecino, a tanto hijo de prelado por acá. Y las buenas maneras son las buenas maneras: «genio y figura hasta la sepultura». Así que he procurado mi mejor color violáceo para no defraudarlos. Sé que algunos ingenuos están mirando el féretro y pensando que ya estoy como me querían, pero no, soy yo quien los mira desde acá como a través de una pecera. Y créanme que se ven ridículos, patéticos. Unos tratando de sacarle el bulto a la pelona, otros fingiendo dolor, agitando pañuelos, otros comentando por lo bajo. En cuanto a mí, sólo experimento una sensación de serenidad y de triunfo: se acabaron los días negros y grises, ahora resplandezco en mi propio color–no color. Diógenes, el cínico, le pidió a Alejandro Magno, que se apartara, para que no le tapara el sol. Yo no tendría nada que pedirle a Alejandro Magno, la muerte es mi tonel: se acabaron los días de doblar la cerviz, de someterse, se acabaron las utopías y las pellejerías, las preocupaciones por el qué dirán, por lo que sigue después. No hay después y estoy en una confortable noche redonda. ¿Noche dije? Quizás sea inexacto, influencia de los «tópicos» del más allá, que ahora son los del lado de acá, de la pecera. ¿Y qué pasaría si les digo que no hay allá ni acá y que todo es problema de percepción y de fronteras ilusorias? Pensarán que en cuanto me enfrié, me puse metafísico.

¿Si les dijera que todo no es más que una gran nada redonda? Una nada de arrurú y duérmete mi niño, de risa con sangre, como dice la cueca. Una nada que nada en la sopa y se ríe de la tragedia, de la impostura, del pathos. Una nada con la que compongo ahora mi mejor postura para cuando me levanten en andas, con júbilo, los gusanos.

Con garras, con uñas y con dientes

Había un hombre que tenía su miedo. Y había El Miedo que tenía a su hombre. Desde que nació, el miedo se le había incrustado en las costillas a su hombre y desde allí bombeaba su sangre. Como con sus ojos, sus manos, su corazón, como con un órgano que le ocupaba todo el cuerpo, el hombre había vivido con su miedo. Creció, amó, tuvo hijos, con miedo. Los acontecimientos más importantes de su vida, desde respirar hasta tomar una determinación, no habían sido una voluntad ni una resolución, sino la expresión del miedo en su carne. A medida que envejecía e iba disminuyendo, crecía el miedo. Ya en la vejez, y a punto de cruzar la frontera, decidió enfrentar el miedo, a fin de eliminar lo que era una segunda (o primera) naturaleza. Lo intentó todo. Desde actos pueriles hasta gestos desesperados y patéticos. Se escondió bajo la cama, se orinó, se cagó en los pantalones (de miedo). Se compró una soga y un revólver invisible. Se ahorcó y se disparó en la sien, simultáneamente. Por último, se acostó a dormir, a fin de convencerse de que todo no era más que una pesadilla. Pero el miedo es más persistente que el insomnio. Cuando despertó, el miedo todavía estaba allí, y lo había derribado de un solo golpe, como a un buey.

La piedra feliz

Para llegar a ella hay que caminar toda la noche, toda la vida. O reptar, con La Otra, al costado (o no desplazarse nunca).

Como la perla mortuoria, la Joya del Pacífico, se alza la Piedra Feliz. Léucade, blanca, cubierta de mierda de gaviotas y de escoriaciones calcáreas, destella como un tumi, ese puñal sacrificial para las mejores cabezas mochicas. Inmemorial, la piedra es un altar sacrificial: la aspiración de la roca es alcanzar la decapitación del mayor número sucesivo de cabezas anónimas.

No hay temor a eludirla. Se la encuentra siempre, en el vigor de la edad, o cuando se tienen las rodillas vencidas. Está hecha de la desesperación, la frustración, la desesperanza, de la tristeza traslaticia de los amantes, que la convirtieron en la piedra feliz. Tiene la sobrecogedora belleza de los suicidas que, mitad hombre, mitad pájaros, la remontan antes de caer.

Acto

Osmer Murth, ciudadano de Perth, piensa en quitarse la vida.

El suicidio ha estado siempre ahí. Como la mujer, que se le negaba. Noches y madrugadas de humillación, de rodear a la mujer como un fuerte, que se resiste y lo derrota.

Osmer Murth , derrotado, puede quitarse la camisa y agitarla como una bandera blanca. Todas las noches y las mañanas del mundo, las ventanas cerradas empapadas de lluvia, de humedad, de lágrimas, toda la noche la respiración entrecortada, el pecho jadeante, una vida minúscula, fría, como una barra de mantequilla en la nevera. Un hombre cardumen, un pez insular, en el musgo verde–limo , se aferra a las rocas.

Osmer Muthr no quiere aferrarse, sino dejarse ir.

Un viajante que se coloca sobre la línea del tren y comienza el viaje sin retorno, un vendedor de seguros que va de ciudad en ciudad, una pompa fúnebre sobre los rieles. Cualquiera de las formas que elija para darse muerte, será patética y comienza a tomárselo con un poco de humor. (El humor de la derrota).Podría retirarse como un actor del escenario, deponiendo la máscara. Podría subastar su vida, ese fardo miserable, hecho de las negaciones de la mujer, del sueldo paupérrimo de su empleo, las caminatas dóciles hasta la oficina, los amigos que le dan la espalda (a estas alturas, mientras piensa en todo esto, puede afirmarse que Osmer Murth se divierte) y pone un anuncio en el diario: HOMBRE SUBASTA SUS 50 AÑOS. Calcula una cifra desafiante, inaccesible: 500.000 dólares. Cuando llega el comprador, no se sorprende, tiene el aspecto que esperaba y da un paso atrás. Después se rehace y tembloroso, abandona la escena, como un actor de segunda que ha recibido una ovación.

Navidad

Desde lejos había descubierto el truco, la pirotecnia. El cono del árbol metálico que los obreros cubrían con ramas sintéticas y luminosos adornos de plástico. El árbol, levantado al centro de la Plaza, aún estaba a medio hacer y los hombres colgaban de él como insectos. Si la pierna de un hombre se enredara en el tendido eléctrico de las luces, se convertiría en un fuego, en un meteorito de carne calcinada.

En la fuente ¿de la India? los delfines echaban agua por la boca y arriba una figura (¿el conquistador?) apoyaba su brazo en una mujer de mármol. Abajo, en la fuente, otra mujer lavaba sus ropas, se lavaba a ella misma, metía las manos y los pies en el agua, y los pies eran obscenos, rugosos, estriados. El sol comenzó a pegar fuerte.

Un bus parqueó al costado de la Plaza. Los turistas bajaron en manada. Comenzaron a fotografiar la Plaza, la Iglesia, el árbol a medio hacer. Una turista rubia se dejó cagar por palomas grises que aparecieron fotogénicas en la instantánea.

El Santa Claus de la Plaza sudaba bajo sus rojas ropas invernales y trataba de azotar, en vano, a los hieráticos venados de metal.

El vendedor de maníes hacía lo imposible.

Los diálogos se espesaron:

—Esta plaza antes tenía hierba. Ya no. Se la comieron los peruanos.

Los peruanos, en una esquina, contaban sus monedas y redactaban cartas de una piedad falaz.

La florista vendía rosas inodoras, de madera.

Los policías apretaban fuerte sus pistolas. Se respiraba un ambiente asfixiante de milagro.

Entonces apareció ella, cantando o mugiendo. Con el pellejo lleno de mataduras como una ternera azotada por tábanos. La magia –dijo– es ilusoria y cruel. Se cierran los ojos, se dan dos golpes con el pie en el suelo y todo sigue exactamente igual.

La pierna del hombre que colocaba la última rama sobre el árbol se enredó en el cablerío. Se produjo una detonación y el hombre cayó de espaldas. La Plaza se llenó de luces. El árbol se elevó unos centímetros.

Y todo esto –anotó ella, doblando el diario– lo escribí para confortarme a mí misma, cuando me quedé sin unas líneas para asirme, ni un punto, ni una letra, ni una cagada de mosca, en donde reclinar la cabeza.

Fui

Tenía un hueso atorado en la garganta. No podía tragar. O una espina de pescado.

Pero no había comido nada. ¿Entonces de dónde salían el hueso-lanza y la espina-punzón, sino de su propio esqueleto? Y el fuego en el pecho, como el incendio en la casa de yaguas.

—Madre, estoy ardiendo. (Y se llevaba la propia mano a la cara).

Sus manos (la escritura) podrían ser las patas de las grullas que escapaban por el sembradío.

Entonces, ¿había un camino?

La sombra de los plátanos abría un trillo.

Quise decirles «regresé» al perro, a los puercos del corral. Quise doblarme a comer la misma bazofia.

Pero las moscas nos cubrían, como si estuviéramos todos muertos.

(El hueso-lanza, el pez en la garganta, la espina-punzón, la sombra de las grullas).

En el aire respiraba la neblina densa, las partículas milenarias que habían viajado millones de años hasta mis pulmones, golpeando en el estómago *la pobre musiquilla de las esferas*.

Recordé: «Vino el pájaro / y devoró al gusano / vino el hombre y devoró al pájaro / vino el gusano / y devoró al hombre». ¿Había rabia? No. Me habían sobado el lomo.

La musiquilla, la escritura (el incendio) se hizo cada vez más lejano.

El cuerpo se volteó, sordo, a la oscura pregunta ¿quién vive?

Pegado a la suela del zapato

> Hay gentes que nacen y mueren en sus camas,
> con el destino pegado a las suelas de los zapatos.
> No sé si envidio o compadezco a esas gentes.
>
> D. K

Iba a contar una cosa redonda, como había oído que debían ser los cuentos.

Redondo era, porque lo tenía atragantado en el pescuezo y no le bajaba. Se le hacía un nudo en la garganta, un bolo en el estómago. Había oído decir a otra que podía meterse en la cabeza de una gallina y comprenderla y desde allí narrar. Ella también podría meterse en la cabeza de una gallina o en la de una vaca, sin esfuerzo, o en la de un puerco. La mayor parte de su vida había sido un ave de corral, no hacía mucha diferencia que estuviera ahora en un chiquero, boca arriba, con la cara llena de moscas.

Son las 12.00 del día y estamos muertos de peste.

Un tipo pasó con un remo, golpeando focas o morsas, como si fuera posible alcanzar otro destino.

¿Pensaría la gallina en un destino trascendente encarnado en el puñado de maíz? ¿O el puerco, cumplía con su modesto destino, revolcando el hocico en el estiércol, o la vaca, con el suyo, cuando iba al matadero, o el buey, cuando se dejaba castrar?

Las preguntas (las dudas) proliferaban como panes. O como boniatos. Como yucas podridas que caían en el chiquero.

No había escuchado otra cosa en su vida que el gruñido de los puercos, quizás ella misma no había hecho otra cosa que gruñir y revolcarse, porque al final las preguntas siempre terminaban en un hacha.

Después vinieron el pataleo, los golpes, los tablazos, el niño con los ojos dilatados, alumbrando con una linterna, cuando la madre empezó a comerse a la cría. Y el tipo con el remo (o la tabla) que le dijo: —Hazte hombre, ve en busca de un relato.

Pero no había nada más allá de la montaña de mierda, de la franja divisoria del acueducto.

¿Y cómo podría relatar el miedo con la carne de gallina?

(Una mujer, una gallina, un puerco, una vaca, un monstruo, un amasijo de miedo).

—Son las 12 del día y estamos muertos de peste. Fue lo único que pudo constatar.

Le habría gustado tener un par de aletas (o un remo) y remontar corriente arriba.

Se desplomó en redondo, cumpliendo el miserable destino circular.

Tenía las pezuñas sucias y nunca pudo saltar la empalizada.

Anna Ajmátova

Una mesa con un mantel manchado, un busto neoclásico
    mutilado
un brazo amputado, por cuyo corte asoman unas flores agrestes
¿margaritas?
Una mano sostiene un reloj donde dan las doce
Un racimo de uvas verdes y una uva
se ha desprendido del racimo.

Patria

Los girasoles, como los tulipanes, son luminosos, carnívo-ros, y también deberían ser encerrados. Sin embargo, vengo de un pueblo que se confía a los girasoles y a la Caridad del Cobre.

Ibeyis

La una era la otra
y las dos eran ninguna.

Lorca

En la antesala de La Muerte, dos mujeres sentadas esperan. Una lee *Cita a ciegas*, de Kosinsky, la otra, tiene los ojos cerrados y sostiene en la mano que cuelga una bolsa de una óptica, Roter y Kraus. La mujer que lee devora el libro con un hambre de días. Está sentada, el cuerpo erguido, configurando su propio ataúd: las manos rígidas, los pies desbordándose en unos zapatos que apenas los contienen. La otra tiene los ojos cerrados y las manos laxas; se balancea, balancea el cuerpo bambalú, con la bolsita, como si nada le importara. (Nada importa). Entre las dos forman una isla. Cuando se miran, lo hacen como una mosca miraría a otra. La mujer que lee se apoya en el libro buscando un punto fijo para procurarse equilibrio. La otra, tantea y respira en braille. Atrás, al fondo, se intuye lo siniestro. Pasa la Muerte verde Tumbantonio y las deja en su cáscara. La una convertida en la otra, las dos convertida en ninguna.

Metamorfosis

Esta mañana amanecí convertida en un tigre de bengala. Lo supe por el vigor de mis patas, mi mirada acezante, por las listas que descubrí entre mis costillas. Pero sobre todo, por el hambre, por el deseo sangriento de desgarrar. He estado encerrada en la cama días enteros buscando el cuello de un antílope (mi propio cuello). Días enteros persiguiendo un rastro, una sombra, que no me condujo a otra parte que a mi piel. Me intimida ser un tigre «Tigre! ¡Tigre!, reluciente incendio / En las selvas de la noche, ¿Qué mano inmortal u ojo / Pudo trazar tu terrible simetría? / ¿En qué lejanos abismos o cielos / Ardió el fuego de tus ojos? ¿Qué mano se atrevió a tomar el fuego? / ¿Y qué hombro, y qué arte / Pudo torcer el vigor de tu corazón?». Destinada a la ferocidad: devorar o ser devorada. Ni la contención de la jaula ni la distensión de una selva. Lo que conozco se extiende hasta mis uñas. Los crematorios, los campos de arroz. Cuando los esputos de sangre raspan mi garganta, entro en la espesura: soy el tigre, el judío, la mujer que se alcanza a sí misma a dentelladas.

Así

Estoy en la azotea mirando hacia las escaleras y los techos de abajo. Atalayando desde la azotea. El edificio es un laberinto, cortado en planos cubistas, desconchados, viejos, expuestos. El entorno y los hombres se parecen como dos gotas de agua sucia.

Estoy en la primera planta, asomándome a la ventana a ver si alcanzo a tragarme un pedazo de cielo, a ver si consigo verme (imaginarme) cómo fui arriba, minutos antes,con la cara pegada a la ventana , cortada en aristas cubistas.

Subo las escalaras. Las bajo. Las subo otra vez. Observo desde mi flanco, protegida por las murallas precarias. Veo la vida ajena desde adentro, las cortinas que se suben, se abren, se cierran, la ropa que se saca a tender, que se seca en el cuartico pequeño porque no hay espacio afuera, oigo el jadeo de las cañerías como un corazón angustiado. Todo zumba, bulle, fermenta dentro de las paredes. Olor humano: olor a col, a carne podrida, descompuesta. Oigo unos gritos y un llanto bajito y una cuchara que se lleva a la boca con un medicamento.

Un gato, panza arriba, duerme sobre el techo de zinc. Y una vieja que no tiene ni perro que le ladre le arroja un cubo de agua caliente para que se desolle, para que no duerma en esa ofensiva paz redonda, aquí, donde todos llevamos tajos y cicatrices.

Salgo al pasillo. Hace sol. El tejado de zinc está parchado con unas vigas de madera por donde a veces corren los niños. Miro los edificios desde afuera: Una cortina verde muestra un pedazo de hombre, en otro departamento hay un letrero con un anuncio de laboratorios y exámenes médicos. (¿Esta enfermedad no es mortal?). Algunas plantas, ropas de niños, ropa de hombres, ropas de muertos, puestas a secar como peces en salmuera.

Todavía estoy en la azotea pero más tarde estaré en el avión y miraré todo esto desde arriba y veré la insignificancia de estas vidas y esfuerzos, y lloraré por mi madre y por mí misma, y por todos los que no son arrancados de la tierra.

Ya estoy en el avión y veo cómo los edificios se convierten en frágiles estructuras, en cajitas de muertos, en celdillas, las casas, los autos son partículas ridículas. Vistas desde arriba, las vacas son menos que insectos, los insectos, como los hombres, desaparecen, y toda vida humana termina en un punto muerto.

Estoy en el avión y nadie sabe que soy un terrorista, que llevo una bomba en el pecho, que la detonaré en unos minutos. El que pagó el pasaje a crédito, el que lo pagó al contado, al que se lo mandó la familia partiéndose el lomo part time, full time, el que viaja en primera clase, el que va en la última de turista, no saben que el avión también es una realidad transitoria, momentánea, y que en unos minutos, estaremos cayendo en pedazos sobre el Empire Estate.

Ya soy la vieja. Nunca tomaré un avión.

En un rectángulo de la escalera, recostada a la ventana, con la cara cortada a cuchilla, arrojo el cubo de agua hirviendo al gato que duerme sobre el tejado, para que se desolle.

La Isoletta

Ella sí sabía qué era eso: actos fallidos, definitivamente.

El rubito (la calvita), había sido un ingenuo al pensar en la posibilidad de El Regreso. Había querido travestirse, mimetizarse, desesperadamente, pertenecer. Ella, en cambio, era de allá (había sido de allá), conocía las costumbres y las rudas maneras, el modo de acercarse, de injuriar, hablaba rápido, seguido, golpeado, no como el rubito (la calvita) que tartamudeaba.

Ella no sólo había vivido en edificios de apartamentos con pianistas sin piano, cantantes sin voz, boxeadores sin puños, sino que se había convertido en su propio instrumento sin cuerdas, en un boxeador sin nada que golpear. También, como el rubito (la calvita) había querido meter la cabeza en el horno de gas. Pero ella sí sabía que no había regreso, que el viaje a la isoletta era sólo un tránsito y estaría pronto de vuelta.

Echó unas pocas cosas en el bolso de mano: regalos para la familia, souvenires y una guía de las islas griegas, como si emprendiera el viaje en otra dirección. Como si repetirse Ionia, Naxos, Rodas, Pafos, Zakinthos, la confortaran.

En la aduana del aeropuerto el perro que la reconoció no fue amigable, no guardaba memoria. La olió, husmeó en su maletín, decepcionado, siguió a otra parte.

A la salida no vio ningún rostro conocido pero se le acercaron dos hombres, le dijeron que habían venido a esperarla, tenían el auto fuera y todo estaría bien. Se acomodó entre ellos y empezó a hablarles en el mismo dialecto.

Los hombres le dijeron que la llevarían a una casa de descanso (porque ella estaba cansada y los hombres se lo estaban haciendo notar, con cierta rudeza, pero ya conocía ella las costumbres). Luego, después que descansara (no importara el tiempo que tomara), llegaría la familia.

Con el rubito (la calvita), se habían fingido amables. Pero con ella no había necesidad, era de aquí.

La casa de descanso quedaba a las afueras de la ciudad, rodeada de plátanos y de una vegetación exuberante que había olvidado. Había olvidado los olores, los sonidos, los ruidos de aquel país, que ahora le entraban por los ojos, por los oídos, por la boca, como en un acto de violación.

Los hombres le trajeron un plato de comida, que se llevaron, diciéndole que aún no tenía bastante hambre. Volverían y repetirían el ceremonial hasta que ella comenzara a recordar, a desear y recuperara la memoria: el hambre.

Preguntó por la familia. Le dijeron que ya llegaría.

Cuando estuvo lista, la sacaron al mar.

A diferencia del rubito, no tuvieron que aplicarle electrodos.

Por sí misma, se dejó caer sobre el roquerío.

Los cangrejos desgarraron otra vez los labios delicados, los mismos ojos miopes.

Frío (La extranjera)

La falsa rusa había nacido en un lugar inexistente, se llamaba Anna, y había decidido que no iba a morir, como la otra, bajo las ruedas de un tren.

Atravesó la línea del Ecuador y llegó hasta el trópico, donde las formas, bajo la luz, como en la nieve, pierden sus contornos.

Era una astilla, un pedazo de un objeto perdido que no encajaba con nada.

Se volvió amarga, filosa.

El cuerpo, demasiado pesado, se movía al sol como si llevara un abrigo.

Las osas jóvenes conservan cierta gracia en el circo, cuando empiezan a arrastrar el vientre, les queman cigarros en la piel.

Bajo las falsas pieles la rusa estaba sola.

Falseó el relato, para prodigarse piedad:

«La gallina de los huevos de oro primero puso una postura blanca, redonda, decepcionante, luego, otro huevo desprovisto de color áureo. Finalmente, mostrando su desprecio, un óbolo, como un paisaje sucio, cagado de gris».

Se identificaba con la gallina y volvía a contarse el cuento. Entonces el sol calentaba como un samovar, el samovar era un pequeño sol en la pieza, las cosas recuperaban su aspecto inofensivo, tranquilizadoramente falso, y no mostraban sus bordes dentados.

(Temperamento)

El pez movió las aletas y la mujer lo abrió
con el cuchillo carnicero.
—No me gustan las cosas tibias —dijo. Como si ignorara
que era de sangre fría.
Había visto a un ahogado. El ahogado no la había visto
a ella. No podía culparlo.
Un pájaro se posó en la ventana. Se lo comió el gato.
El gato tenía los ojos estriados como los senos de la mujer.
La crueldad y las palabras pueden ser deliberadas.
La mujer hacía mucho que había dejado de hablar.
Mantenía un lenguaje sordomudo consigo misma
y con las cosas. A veces se acostaba con alguien
para mantener ese nexo indispensable de incomunicación.
Se vertían sobre ella como en una escudilla
o una cloaca.
Se recostó a la ventana, miró al gato,
pero no vino pájaro alguno.
Encubrió sus gestos con domesticidad.
Volvió a la cocina.
—No me gustan las cosas tibias —repitió. Y continuó
abriendo el pez—: Tenía agallas. Tendría agallas.
Y reservó todas sus energías para el momento final.

Nieve sucia

La nieve no producía ningún dolor. Cuando uno
se quitaba la bufanda, los guantes restañados,
no aparecían manchados de sangre. Y en el cuello
no había ninguna señal de estrangulamiento.
La nieve apretaba con suaves dedos: rododáctilos.
Había perdido su país (ceñido por límites geográficos),
y después su lengua.
La nieve producía un letargo y eran copos, y capas, que
se iban amontonando unas sobre otras para sepultar el
pasado de un animal. La nieve creaba una sensación ambigua:
que era posible e imposible, a un tiempo, dejar huellas.
Los pies que recorrieron un sendero (las huellas de los pies)
serían borradas por otros , o por los mismos, regresando
en sentido contrario.
(Si se respiraba en la helada, se estaba menos solo con el
    propio vaho).
La nieve, en su quietud, despertaba sentimientos bárbaros:
    con un
pedazo de hielo fundido se habría podido cortar el corazón
de un hombre.

Le preguntaron si vino desde tan lejos por una cura de reposo.
Sonrió con la violencia amable de un paisaje nevado.
Había escogido ese paisaje interior, blanco, que ahora se
proyectaba hacia fuera y una antigua metáfora: rododáctilos.
Cuando se quitara los guantes no aparecerían manchas

de sangre, y en el cuello no habría señal alguna de estran-
gulamiento.

Apretaría con suaves, rosáceos dedos. La nieve haría lo demás.

(Vaciadero)

La mujer se desnudó hasta convertirse en larva.
Estaba sola y no tenía por qué guardar ninguna convención.
¿Acaso habían sido ellos piadosos? ¿Menos obscenos?
Había escrito dos o tres libros (ninguno verdadero)
y tenido la pretensión ridícula de que el cielo se abriera y se
    cerrara
para manifestar su angustia.
Había querido subir al Everest y ahora veía cómo su propio
    cuerpo
se convertía en una planicie.
—No me importa que no vengas (le dijo a lo que no iba a
    venir).
Se sintió redonda. Autosuficiente.
Se hizo una bola de asco y comenzó a roer los bordes de la
    mesa.

La Extranjera

Cuando salió de viaje era una persona enérgica.

A medida que pasaron las estaciones, fue perdiendo vigor.

Perdía fe como quien pierde peso.

Las cosas, en su rotación, eran justas, como las ruedas de un tren.

Pasaban las vacas descuartizadas, los postes del tendido eléctrico, las sábanas-sudario.

Todavía pudo pertenecer y dar algo a cambio. Pero se lo guardó en el buche, para sí, para su deleite.

Cuando el tren traqueteó sobre sus huesos, vio el sol. Falso, bruñido.

Desconocido como la palma de su mano.

Prometeo encadenado

PERSONAJES:

CORO: EL MAR
EL PODER
LA FUERZA
HEFESTOS
PROMETEO
IO
HERMES
LA FURIA
LOS SEPULTUREROS

La obra, por lo que dicen los personajes, transcurre en una
isla, en los confines del mundo. Carece de escenografía, desta-
cando por su desnudez. Prometeo nunca aparece en escena y su
figura se va creando por la evocación y la invocación.

Se establece un contraste entre el tono solemne de la obra y
los parlamentos y actitudes de los sepultureros, jocosos e irónicos.

HEFESTOS: ¿Por qué ven mis ojos algo tan sacrílego? Estoy mirando lo que no debo contemplar.

EL PODER: Yo sólo veo lo que debo ver: un rebelde encadenado a una roca.

LA FUERZA: Una isla como un águila abatida, devorándose a sí misma las entrañas.

EL PODER: Un mogote que se creyó un titán para desafiar el orden olímpico. Un Prometeo encadenado sobre la palma sola.

EL PODER: Negrísima.

LA FUERZA: Hefestos, ajusta esas cadenas, sujétalas bien, para que no se comben al impulso de los vientos.

HEFESTOS: Con dolor y contra mi voluntad hago todo esto, me avergüenza ver a esta criatura así humillada.

EL PODER: Es el mandato de Zeus.

LA FUERZA: ¿Por qué te compadeces de quien te robó lo que fabricas con tanto esfuerzo: el fuego?

HEFESTOS: Estoy viendo a mi sangre ultrajada, estoy viendo el coraje abatido. Ah, oficio mil veces maldito.

EL PODER: Estamos en el último confín de la tierra. Sólo te queda cumplir la voluntad de Zeus.

(Salen La Fuerza Y El Poder. Entra La Furia)

LA FURIA: Vengo cruzando el mundo subterráneo, recorriendo las sombrías moradas de los hombres y un doble espanto me recorre.

HEFESTOS: ¿Y qué has visto?

La Furia: A una muchedumbre desencantada, que confiaba en la ley y la justicia y ha visto derribarse otra vez las murallas olímpicas con un nuevo tirano.

Hefestos: A eso le llaman orden. Ironía de las teodiceas. El padre se come a los hijos y el hijo sobreviviente sepulta a sus hermanos y aherroja a los que se le oponen con nuevos bríos.

La Furia: A rey muerto, rey puesto. Es inclemente el que gobierna con nuevo timón.

Hefestos: Tiránico orden olímpico. Terrible la pujanza de un tirano nuevo, deseoso de imponer sus nuevas leyes con

El Poder (*entrando por un lateral*): El poder.

La Fuerza (*entrando por otro lateral*): Y la fuerza.

El Poder: (*a La Furia*) ¿Y tú que haces aquí? ¿Cómo osas mirar la luz del sol?

La Furia: Todo orden ha sido trastocado.

La Fuerza: Restablecido, querrás decir.

La Furia: Ya una vez se me desató para provocar la guerra y luego se me volvió a confinar a la prisión del inframundo, castigada yo misma, castigando, infinitamente.

El Poder: Y así seguirá siendo. Inmutable es el orden de los astros, inconmovible la línea del destino y la justicia de Zeus.

La Furia: No después de ver lo que yo he visto. La tierra mana sangre, los árboles hunden sus raíces en la corteza fresca de los muertos, los frutos se revientan purulentos, las madres paren niños ancianos, que ya no se parecen a sus padres, ni siquiera tienen rasgos de hombre, trifauces. Ya no se sabe qué es un dios, un animal, una bestia. El Hades está en todas partes.

LA FUERZA: Y tú deberías estar allá abajo, castigando los crímenes de sangre.

LA FURIA: Hay crímenes y criminales que no alcanzo a castigar.

EL PODER: Vete ya, no me hagas emplear la fuerza.

(La Fuerza la rodea amenazante hasta que La Furia se retira. Entran Los Sepultureros).

LOS SEPULTUREROS: (*Cantando*) Tres, tres, tres lindas cubanas… ya viene el mayoral, sonando el cuero… (*Transición*). ¿Dónde está el cuerpo? ¿Todavía no podemos cargar con ella? (*Transición, cantando otra vez*). Mamá, la múcura está en el suelo, mamá no puedo con ella… Tres, tres, tres lindas cubanas… ya viene el mayoral… (*Salen*).

HEFESTOS: Terrible es toda tiranía, cuando los dioses se derrocan unos a otros, invocando esa palabra que desconocen, la justicia, olvidándose de los hombres.

EL PODER: No sé cómo mencionas a esas criaturas.

LA FUERZA: ¿Quiénes son los hombres? Sombras de un día.

EL PODER (*Tomando a Hefestos por los hombros y haciéndolo mirar a Prometeo encadenado*): ¿Quieres acaso convertirte en ese?

LA FUERZA (*Zarandeando a Hefestos con fuerza*): En ese, sí, que amó tanto a los hombres como para robarse el fuego y entregárselos. Oh impiedad.

HEFESTOS: Oh, generosidad, excesivo amor, que así lo pierde.

LA FUERZA: Y te perderá también a ti la simpatía con el vencido y la desobediencia al que ahora manda.

HEFESTOS: Fuerza y Poder, cumplida está por mi parte la voluntad oprobiosa de Zeus. No será mucho más lo que retenga aquí. Oh, isla mía, siento que me faltan las fuerzas para ajustarte así los grilletes, para encadenarte a la roca azotada por la tempestad. Siento que me flaquean las rodillas, que no acierto con el yunque y me ablando como el hierro mismo al fuego.

EL PODER: No deberías mencionar la soga en la casa del ahorcado. No deberías mencionar siquiera la palabra fuego.

LA FUERZA: Ah, blando herrero, al que se le doblan las rodillas. También tú, si no recobras la mano férrea, podrías terminar encadenado a la roca.

EL PODER: La mano férrea, la *manu militari*.

LA FUERZA: La mano que es un águila.

EL PODER (*Haciendo como que otea el horizonte*): El águila de Zeus.

HEFESTOS: El tirano.

LA FUERZA: La mano que es un águila, que penetra hasta las entrañas y picotea la isla hasta vaciarla.

HEFESTOS: No sé si tenga hígado para soportar todo esto.

LA FUERZA: No vaciles, húndele con fuerza en medio del pecho el duro diente de la cuña de hierro.

EL PODER: Mejor es que cumplas con lo que debes y después te retires de aquí.

LA FUERZA: No canta el gallo y está desierta la roca de los sacrificios.

HEFESTOS: Ya han sacrificado demasiado.

EL PODER: Nunca es demasiado para ofrendar a los dioses.

HEFESTOS: Isla mía, que un día te creíste hija de Temis, la justicia, no llegará ya a ti ni voz ni rostro humano, sino que abrazada por los ardientes rayos del sol, verás destruirse tu piel y cambiar de color, con tristeza mirarás a la noche insular ocultar la luz, bajo su manto estrellado, y con tristeza verás también el sol, secar el rocío de la aurora, pero el dolor de tus desdichas no cesará de atormentarte un momento, porque aquel que te ha de liberar, no ha venido todavía.

EL PODER (*Con ironía*): Un Prometeo para liberar a otro Prometeo.

HEFESTOS: Dioniso, el liberador. Con forma de toro entrará a la ciudad, esgrimiendo su cornamenta, con forma de león recorrerá estas calles, estos campos. Será el hombre, el muchacho y la muchacha, será un pueblo al que creen que retienen con nudos, con clavos, con lazos inviolables, pero verán caer las ligaduras.

EL PODER: ¿Y el Miedo?

HEFESTOS: El miedo engendró la Ley, la distancia entre hombres y dioses. El fuego se tragó al miedo.

LA FUERZA: (*Se encoge de hombros con desdén*).

HEFESTOS: ¿Creen que se olvidó? ¿Que se olvidó la herida, el robo, el castigo, el desafío, el dolor mismo?

LA FUERZA: No hay nada que no sometan el poder, la fuerza y el hábito. Es una historia muy vieja. Mira a la isla domeñada, pulida por el castigo de las aguas.

EL PODER: No vendrá nadie.

ÍO: (*Entra corriendo, enloquecida*): ¿Qué tierra es esta? ¿Qué raza? ¿Qué lenguas desconocidas que no murmuran ni siquiera el silencio? ¿Por qué no se mueve ni una hoja de un árbol y corta el aire helado? ¿Dónde está el rumor de los plátanos, el plátano sonante, que no oigo? ¿Qué criatura es esa, encadenada a una roca? ¿Qué hace ese pájaro amargo, que no canta y entra, como un carnicero, en la res? Ah, el tábano, el tábano, los dolores, siento zumbar mi cabeza, siento mi cuerpo aguijoneado hasta los huesos. Yo tenía una casa, una patria: todas las mañanas me despertaba y veía un manojo de caracoles a mis pies, los peces venían del agua hasta mi corazón y allí se quedaban, como en un nido. Hasta que un dios se fijó en mí, para mi desgracia. (O eso dijeron, cuando me marcaron con hierro y me expulsaron llenando el aire con los gritos de ¡maldita, maldita!). (*Transición*) ¿Debo vagar por el desierto, por las playas, por las aguas infectas? ¿Hasta cuándo? ¿Alguien podrá decirme cuándo terminará mi agonía? ¿Alguien podrá decirme si algún día seré liberada? (*Volviendo a perder la razón*) Ah, vuelve el monstruo y me monta otra vez, se aparea lujurioso conmigo en la cañada. Mujo, me asquea, me dobla en cuatro patas, como a una vaca. Terrible es ser codiciada por un dios, por un tirano. ¿Pero quién presta oídos a las lamentaciones de una vaca?

EL MAR: Has llegado al último confín de la tierra y estás viendo a uno ultrajado como tú, por el nuevo tirano. Desearía calmarte con mis aguas, como desearía lavar sus heridas, siempre frescas y abiertas una y otra vez. Pero todo llegará a su término. Se acerca el día en que Zeus será derribado.

(*Entran Los Sepultureros y guardan silencio, expectantes*).

ÍO: ¿Y es posible que un día Zeus sea derribado?

EL MAR: He visto ya caer dos dinastías tiránicas. Zeus es el tercero y no lo distingue su prudencia.

Ío: ¿Y quién le quitará el tiránico cetro?

El Mar: El mismo, con sus insensatas resoluciones.

Los Sepultureros (*Cantando enfáticos*): Chivo que rompe tambó, con su pellejo paga. (*Salen*).

Ío: ¿Y ese que está ahí, apoyándose sobre el yunque?

El Mar: Es Hefestos, el herrero celeste.

El Poder: El cojo arrojado del Olimpo, obligado ahora a sujetar con cadenas a un rebelde.

Hefestos: A un titán.

La Fuerza: Más le valdría no haberlo sido.

Hefestos: Cómo necesita el tirano imponer su voluntad y mantener su distancia de Dios. Antes del fuego, los hombres eran niños, veían sin ver, se derribaban en el día como sombras, frágiles, temían a la enfermedad y a la muerte, abandonados de toda esperanza. Prometeo les dio el fuego, la libertad. Los sacó del estado oprobioso de esta isla: el subdesarrollo.

El Poder: ¿Libertad? ¿Subdesarrollo? ¿Pero qué palabras son esas con las que se me parten los dientes?

Los Sepultureros: El subdesarrollo: No llegar o pasarnos, no poder hacer nunca algo bien, no dar pie con bola. No poder levantar cabeza y decir que por un lado te cerca un águila y por el otro, otra, y por encima de la cabeza, otra, y por abajo, otra más, más águilas de las que hígados puedan imaginarse. Estar rodeado de águilas o cagados de tiñosa. Los griegos no supieron de eso.

El Poder: Parece un *fatum* siniestro.¿ Y puede acaso liberar a alguien quien está encadenado?

Hefestos: Llegará el día en que caigan las cadenas y el Poder y la Fuerza.

El Poder: Deliras.

LA FUERZA: Un dios ha trastornado también tu razón.

EL PODER: ¿O es que sabes un secreto?

HEFESTOS: Un hijo nacerá más fuerte que el padre y liberará a esta tierra de la opresión.

LOS SEPULTUREROS: Y del subdesarrollo, coño. A ver si los guajiros de Camagüey pueden estar en paz, sin andar ordeñando vacas imaginarias, sin cuentos chinos ni griegos.

EL PODER: ¿Cómo te atreves?

(Los Sepultureros salen airados y amedrentados)

HEFESTOS: Oh éter, oh palmas, noche insular cerrada y abatida, serás partida en dos, en tres, en mil pedazos, en astillas, oh isla dormida, que te desangras con el buitre al costado, te levantarás en tu estatura prometeica. Yo he visto la noche campesina, la alborada siniestra, he visto ese momento en que los dioses mismos abandonan y la neblina va formando fantasmas, simulacros de hombres, simulacros de dioses. Yo he visto ese momento duro en que no hay certidumbre, ni fe, ni lealtad en el Olimpo. Momentos en que los dioses mismos han querido sepultar toda la raza. Pero ella no, el titán no dobló la cabeza y de cada piedra hizo un hijo, los fue nombrando: Pirra, Deucalión, lanzando cada piedra, sabiendo que de la aridez brotaría la vida.

ÍO (*atormentada*): ¡Ay de mí, ay de mí! ¿Por qué las cosas aquí serán siempre efímeras y eternas, en un presente cíclico, circular? No hay grandeza posible, ni trascendencia, el fuego conquistado, tiene la intensidad de un fósforo. Se enciende vertiginosamente, vertiginosamente se apaga. Como un reverbero.

Como las vidas de estos hombres. Querían ascender al Olimpo, creían traerlo a la tierra, y ahora se inclinan, con la cabeza doblada en los surcos. Monstruos. No son hombres ni dioses y no quiero ver esa cruza horrible, el héroe, ese fracaso desgarrado de las fuerzas contrarias. (*Transición*) Vuelve el dolor a aguijonearme, vuelve el antiguo tábano. Viene el monstruo y me monta otra vez, vuelve el odioso toro, me revuelca en la yerba, me abre las ropas en la manigua… me taladra con el hierro. Ah, si pudiera quitármelo de encima, ah, si pudiera evitarse la violencia de un dios. (*Transición*) Condenada a vagar, expulsada de mi casa por mi propio padre, ¿alguien podrá decirme si algún día mis desdichas tendrán fin?

HEFESTOS: Terribles son los males que aún te aguardan, pero de ti, violada por el tirano, nacerá un hijo que liberará a la isla de ese pájaro carnicero. Podrás al fin descansar, una vez atravesado el Bósforo.

ÍO: Quisiera creerte como a un amigo. Quisiera que alguna vez terminara el azote y el dolor. Pero no me des el pasto de la esperanza. Dicen que era un don o un regalo. El único que nos dejaron cuando ya lo habíamos perdido todo. Sería el árbol más frondoso del patio, pero vi a mis padres rompiéndose los dientes con ella, se hicieron viejos, se secaron diciendo «Mañana será otro día». Yo misma…(*Atormentada otra vez por el tábano*). Ah, mi cabeza, ese zumbido otra vez, ese raspar de huesos, este temblor que me sacude… Las cosas aquí son efímeras, inmutables, un presente eterno, intolerable…

(Sale de escena. Entra Hermes).

HERMES: ¿Qué rebelión es esta? ¿Qué choteo? Vengo en nombre de mi padre, desde el Olimpo, donde todo permanecerá como debe, inmutable. Donde el orden implantado será sostenido con El Poder y La Fuerza y cada hombre ha de doblegar los hombros y sostener el mandato aunque se le doblen las rodillas.

HEFESTOS: Llegó el lacayo.

EL MAR: Ni tú eres hijo de Dios ni legítimo Camborio.

HERMES: Mejor sería adoptar una actitud más humilde y cumplir con las órdenes de Zeus o esta tierra será arrasada.

HEFESTOS: No comprendes.

HERMES: ¿El insensato amor a la tierra que pisan? ¿El ciego y desmedido amor a los hombres? Sólo una cosa es digna de ser venerada: La Ley.

HEFESTOS: Hablas como el salteador de caminos y patrón de los ladrones que eres. Y luego subes al monte Ida a ampararte en la Ley, en las leyes del Padre, del tirano. (*Indicando a lo que deberían ser hombres*). Estos aman al suelo que los vio nacer, que los nutrió, aman la tierra y sus semillas, los sembradíos de maíz, la tierra pobre, colorada, la áspera caña del azúcar, los naranjales que alguna vez alumbraron más que los siete soles de Tebas, el fuego, que les abrió los ojos y les restituyó su dignidad de mortales.

HERMES (*moviendo la cabeza*): El fuego...

EL PODER (*a Hefestos*): Tú, mejor que nadie, debías proteger el fuego.

HEFESTOS: Yo conozco el fuego, sus poderes, su luz. Yo conozco. En cambio, a ustedes nunca los ha rozado siquiera la fuerza ígnea. Yo he fabricado las armas de los más insignes guerreros y sé que los escudos están empapados de sangre y de lágrimas.

HEFESTOS: Más sangre y lágrimas habrá si no obedecen el mandato.

EL MAR: Aunque tus palabras parezcan una advertencia irrevocable de un destino siniestro, me niego a ser amigo de tiranos y traidores.

HEFESTOS: Vete por donde viniste.

HERMES (*retirándose*): Que se cumpla entonces la inflexible voluntad de Zeus.

HEFESTOS: (Inclinándose sobre Prometeo): Oh, criatura abatida, si mi mano pudiera romper tus cadenas... (*lo intenta golpeándolas*).

EL MAR: Yo convoco a todos los elementos, vientos del Caribe, vientos del Egeo, fuego celeste , fuego de las entrañas de la tierra, yo me transformo en piélago, en toro, en gorrión, en pajarillo que te susurra, en león que lame tus costillas lastimadas, yo reúno al Adriático, al Bósforo, al Nilo corpulento y a sus siete bocas , a las aguas del Pactolo, a las del Almendares, y a todas las aguas que fueron antes de mí y que serán para lavar tus heridas.

EL PODER: (*invocándose a sí mismo*). Gran Poder, Gran Poder. ¿Es que existe algo más grande que Zeus y el Gran Poder?

LA FUERZA: Soy la fuerza, no la razón, la Fuerza. La fuerza de la fuerza. Domeñad las cabezas.

HEFESTOS: Yo hice los rayos del fuego de ese a quien me niego a llamar padre. Fuego que ahora tienen los hombres. (*Transición*) ¡Oh fuego, fuego, libertad, libertad!

EL MAR: Me extiendo en múltiples brazos. Me desgarro, me multiplico. Me desbordo. Brama la tierra. Se abre. ¿Se hunde, se levanta? (*Se oye un estruendo, la tierra se sacude*).

(*El Poder y La Fuerza caen abatidos. Entran Los Sepultureros, miran a uno y otro lado*).

LOS SEPULTUREROS: ¿Ya nos podemos llevar por fin al muerto ?¿¡Todavía?! (*Salen desencantados*).

HEFESTOS (*invocando al mar*): Oh viejo mar, diferente y el mismo, yo te llamo por tus antiguos nombres entrañables: Thalassa, thalassa, Yemayá, Yemayá.

Santiago de Chile,
4 de diciembre, 2008 - 7 de enero, 2009.

En la tierra del entre, golpeada por las aguas

Hay rostros en mi rostro divididos. (Me acuerdo, me plagio). Abro los ojos. Despierto. Está «garuando» aquí, afuera, allá estaría lloviznando, pero en esta tierra de nadie, sólo me muevo en el *entre*, en el entresijo. Las gotas caen delicadas sobre el techo de zinc. Mis perros duermen. Los pájaros cruzan la mañana. Yo, poeta anónima dentro de algunos años, entono con el poeta anónimo precolombino el canto a las bellezas del nuevo día: «Bellezas del día / Maestros Gigantes / Espíritus del cielo / Espíritus de la Tierra / Dadores del Amarillo / Dadores del Verde [...] Volveos hacia nosotros / Esparcid el Verde... el Amarillo!»

Tan viejo el canto, tan reciente, tan vivo, que puede enlazar a un hombre y a una mujer, separados por siglos y reunidos en el instante de la celebración. Y este nuevo día te traerá también a ti. Comerte un poco de amarillo, de verde, del rosado púrpura de tus pezones, pasto, rosa, flor, espiga rozándome los labios, hundiéndote en mí.

Desde mi ventana he visto un pájaro posado sobre el clavel del aire (tú sobre mí). Un instante y se va. Una cuerda de locura.

Nuestras casas de madera en esta otra isla, otra expresión de nuestra fragilidad. Que veremos arder. Pero la voz de Safo, en la mañana, me recobra, es tan potente como el canto de los pájaros: «No tengo quejas / de la prosperidad que / las musas doradas / me otorgaron / no fue ilusión / muerte, no voy a ser olvidada».

Mirando las hojas puntiagudas, filosas, la falta de raíces del clavel del aire, le he dicho, como si me dijera a mí misma: «No eres de nadie», pero esto, que podría ser una autosuficiencia, una suficiencia, es también una cierta tristeza, una exclusión.

He hecho una gran olla de tallarines, para mí y para mis perros. De igual a igual.

A veces recibo mensajes de Cuba, como mensajes de otro mundo, del mundo de los muertos.

La frágil franja entre la razón y la locura. Yo, al mismo tiempo, el leñador, el verdugo y el árbol caído. Y también la hoja arrastrada por el viento, que se levanta, con el viento, y se va.

«La locura de Virginia Woolf», como si no fuera la locura de toda una época, las guerras mundiales, los aliados, las bombas, el desarraigo aunque se tuviera un cuarto propio. Tan precario todo, tan frágil, ante la guerra, la vida. La angustia por las palabras, por encontrar un lenguaje que exprese y reconcilie con lo humano.

Me prestas, sobre Virginia Woolf, «El vicio absurdo», y colocas entre sus páginas, recogidas por ti, pequeñas flores blancas de la pradera. El «vicio absurdo», ¿la escritura, la locura, el suicidio? adquiere la fragancia, la determinación de una flor.

He dedicado mi vida (yo también), al «vicio absurdo».

Soy una mujer que se apoya en dos perros, como antes me apoyé en dos muletas y en una estación; primavera, verano, el amor, esperando los primeros brotes. Pero en lo profundo del amor, cada uno está solo. (Me voy quedando con la jauría).

Esta flor se llama lobelia blanca y esta, lobelia azul y aquella, petunia. Todo adquiere de pronto una crueldad vegetal.

Mi vida de circo pobre, de animal de circo pobre. Y la «consagración de la pobreza» termina con la soga en el cuello, la danza pataleada del ahorcado o el cuerpo hundiéndose, con los bolsillos llenos de piedras en el río.

(No hablo con ángeles, hablo con perros, de igual a igual).

«Nada de introspección. Anoto la frase de Henry James: Observa sin pausa. Observa la llegada de la edad. Observa la avidez. Observa tu propio agobio. Y así todo será útil. Así lo espero, por lo menos. Insisto en sacar de este tiempo todas sus ventajas. Naufragaré con la enseña izada. Advierto que esto bordea la introspección, pero no cede totalmente a ella. […] Estar ocupado es esencial. Y ahora con cierto placer descubro que son las siete y que debo hacer la cena. Bacalao y salchichas. No cabe duda de que se consigue cierto ascendente sobre el bacalao y las salchichas al escribirlas».

Mientras copio las palabras de Virginia Woolf (entre), corro a la cocina, veo que no se me queme el arroz, la carne de cerdo, salgo a regar las plantas, a darle de comer a los perros. Siguiendo a Virginia, al maestro zen y sobre todo, a un fuerte instinto de supervivencia, procuro mantenerme ocupada, tratándome a distancia, alejada de lo íntimo, de «la introspección» (la procesión interior). Trato de mantenerme a distancia como un púgil mantiene a su rival peligroso, a su contrincante, del otro lado. Procuro poner un poco de orden, de sosiego, para que la soledad más absoluta, sea más absoluta.

«Dios mío, cómo sufro. Qué terrible capacidad posee para experimentarlo todo con intensidad […] ¿Cómo perseverar un año más? Pero la gente vive. No cabe imaginar lo que está sucediendo detrás de un rostro. Todo es una dura superficie. Yo misma no soy más que un órgano que recibe golpes, uno detrás de otro. Y me duelen los ojos. Y me tiemblan las manos [...] Realmente tengo que felicitar a esta mujer terriblemente deprimida...yo misma. A esta mujer por cuya cabeza ha pasado tanto dolor. Que estaba convencida de haber fracasado. Porque, pese a todo, creo que se ha recuperado y hay que felicitarla. No sabría decir cómo lo ha conseguido, con la cabeza hecha un verdadero trapo».

Pero yo no juego a la Woolf ni a la Mistral ni al animal literario. Soy lo que soy y lo que hay. Un cuerpo lleno de soledad, de tristeza, de hongos. Un cuerpo donde la soledad crece como los hongos, como las enredaderas, la hiedra, entre la oscuridad y lo húmedo.

Pienso, (escribo) lo húmedo y siento de pronto, la sensación pegajosa, de asco, de las islas, su circularidad cancerosa. (Aquí, conmigo, el pájaro sombrío, virgiliano, la broma, la mueca colosal). Y sin embargo, acaso a nadie he amado más que a las islas, a ese pedazo desasido en el que me convierto *en el rencoroso trabajo de recordar*. Tan torpe como un país doy mis primeros pasos, me atraganto, no aprendo a definir. El mismo padre látigo, despótico, cerebro de segunda. La obsesión con la madre (el faro) (Al faro) y las olas, siempre las olas, restallando, rompiéndose contra los arrecifes, dentro de la cabeza.

Y en la otra isla, en el remoto país, mi madre andaba a pasitos cortos, como un pájaro herido, con una rodilla que no puede flexionar, hablando tan bajito que su voz apenas se escuchaba, como si no le quedaran fuerzas, como si fuera una vela apagándose sobre las aguas. (Aquí doy un paso y estoy siempre en el *entre*, andando en la orfandad, con mi madre).

Y escucho en las imágenes universales, las referencias más recurrentes sobre Chile, la Inglaterra de América, esa otra isla, en presunción local. Chile: ese país que nadie sabe dónde está. Ese país donde se acaba el mundo. Ese país que queda tan lejos. Ese país donde parece tan fácil morir.

Y me olvidé de leer. Y me olvidé de escribir. Me olvidé de las letras, del abecedario. En una metáfora (Isla Negra) me creé otra metáfora, un espacio, una casa, un nido, un nicho, donde encarno (me convierto) en lo único que puedo: una mujer, una isla, no un ser acabado sino en una superficie cortante que lima sus bordes: una piedra, un molusco. No Virginia Woolf, no Emily Dickinson, no Marina Tsviétaieva. No Damaris Calderón ni D. C., sino alguien (algo) que arrastrado por el légamo de la palabra légamo, se hunde en la corriente hasta el fondo, devorada por las aguas del entresijo.

(Para Virginia Woolf, en el momento que alcanzó su expresión en el suicidio).

www.ingramcontent.com/pod-product-compliance
Lightning Source LLC
Chambersburg PA
CBHW022009080426
42733CB00007B/537